"中国企业社会责任报告编写指南(CASS-CSR3.0)"
系列丛书的出版得到了下列单位的大力支持：

（排名不分先后）

中国南方电网

中国华电集团公司

华润（集团）有限公司

三星（中国）投资有限公司

《企业公益报告编写指南3.0》的
出版得到了下列单位的大力支持：

现代汽车（中国）投资有限公司

企业公益报告编写指南3.0

中国社会科学院经济学部企业社会责任研究中心
现代汽车（中国）投资有限公司

汪 杰 李赫埈/顾问
顾 一 黄晓娟 金 英 林文文/等著

★
企业公益报告
全生命周期管理指南
★

经济管理出版社
ECONOMY & MANAGEMENT PUBLISHING HOUSE

图书在版编目（CIP）数据

企业公益报告编写指南 3.0/顾一等著. —北京：经济管理出版社，2015.12
ISBN 978-7-5096-4089-0

Ⅰ.①企…　Ⅱ.①顾…　Ⅲ.①企业—慈善事业—报告—编写—中国—指南
Ⅳ.①F279.2-62　②D632.1-62

中国版本图书馆 CIP 数据核字（2015）第 298509 号

组稿编辑：陈　力
责任编辑：杨国强
责任印制：黄章平
责任校对：超　凡

出版发行：经济管理出版社
　　　　　（北京市海淀区北蜂窝 8 号中雅大厦 A 座 11 层　100038）
网　　址：www. E-mp. com. cn
电　　话：（010）51915602
印　　刷：三河市延风印装有限公司
经　　销：新华书店
开　　本：720mm×1000mm/16
印　　张：8.25
字　　数：98 千字
版　　次：2016 年 1 月第 1 版　　2016 年 1 月第 1 次印刷
书　　号：ISBN 978-7-5096-4089-0
定　　价：68.00 元

《企业公益报告编写指南 3.0》专家组成员
（按姓氏拼音排序）

邓国胜　清华大学公共管理学院教授

顾　一（中国社会科学院经济学部企业社会责任研究中心咨询一部部长）

黄晓娟（中国社会科学院经济学部企业社会责任研究中心咨询一部副部长）

金　英（现代汽车（中国）投资有限公司社会贡献部经理）

李赫埈（现代汽车（中国）投资有限公司副总经理）

李相银（现代汽车（中国）投资有限公司社会贡献部部长）

李松鹤（现代汽车（中国）投资有限公司社会贡献部高级经理）

林文文（现代汽车（中国）投资有限公司社会贡献部专员）

苏令方（现代汽车（中国）投资有限公司社会贡献部经理）

汪　杰（中国社会科学院经济学部企业社会责任研究中心副主任）

王大磊（现代汽车（中国）投资有限公司社会贡献部主管）

王娅郦（中国社会科学院经济学部企业社会责任研究中心主任助理）

翟利峰（中国社会科学院经济学部企业社会责任研究中心副主任）

张　蒽（中国社会科学院经济学部企业社会责任研究中心常务副主任）

开启报告价值管理新纪元

透明时代的到来要求企业履行社会责任，及时准确地向利益相关方披露履行社会责任的信息。目前，发布社会责任报告已日益成为越来越多的企业深化履行社会责任、积极与利益相关方沟通的载体和渠道，这对于企业充分阐释社会责任理念、展现社会责任形象、体现社会责任价值具有重要的意义。作为中国第一本社会责任报告编写指南，指南的发展见证了我国企业社会责任从"懵懂发展"到"战略思考"的发展历程。2009 年 12 月，中国社会科学院经济学部企业社会责任研究中心发布了《中国企业社会责任报告编写指南（CASS-CSR1.0）》（简称《指南 1.0》），当时很多企业对"什么是社会责任"、"什么是社会责任报告"、"社会责任报告应该包括哪些内容"还存在争议。所以《指南 1.0》和《指南 2.0》定位于"报告内容"，希望通过指南告诉使用者如何编写社会责任报告、社会责任报告应该披露哪些指标。指南的发布获得了企业的广泛认可和应用，2013 年，参考指南编写社会责任报告的企业数量上升到了 195 家。

5 年过去了，我国企业社会责任报告领域发生了深刻变革，企业社会责任报告的数量从 2006 年的 32 份发展到了 2013 年的 1231 份；报告编写质量明显提高，很多报告已经达到国际先进水平。同时，企业在对社会责任的内涵及社会责任报告的内容基本达成共识的基础上，开始思考如何发挥社会责任报告的综合价值，如何将社会责任工作向纵深推进。

为适应新时期新形势要求，进一步增强指南的国际性、行业性和工具性，中国社会科学院经济学部企业社会责任研究中心于 2012 年 3 月启动了《中国企业社会责任报告编写指南（CASS-CSR3.0）》（简称《指南 3.0》）修编工作，在充分调研使用者意见和建议的基础上，对《指南 3.0》进行了较大程度的创新。总体而言，与国内外其他社会责任倡议相比，《指南 3.0》具有以下特点：

（1）首次提出社会责任报告"全生命周期管理"的概念。企业社会责任报告既是企业管理的工具，也是与外部利益相关方沟通的有效工具。《指南 3.0》定位于通过对社会责任报告进行全生命周期的管理，充分发挥报告在加强利益相关方沟通、提升企业社会责任管理水平方面的作用，可以最大限度发挥报告的综合价值。

（2）编制过程更加科学。只有行业协会、企业积极参与到《指南 3.0》的编写中，才能使《指南 3.0》更好地反映中国企业社会责任实际情况。在《指南 3.0》的修编过程中，为提升分行业指南的科学性和适用性，编委会采取"逐行业编制、逐行业发布"的模式，与行业代表性企业、行业协会进行合作，共同编制、发布分行业的编写指南，确保《指南 3.0》的科学性和实用性。

（3）适用对象更加广泛。目前，我国更多的中小企业越来越重视社会责任工作，如何引导中小企业社会责任发展也是指南修编的重要使命。《指南 3.0》对报告指标体系进行整理，同时为中小企业使用指南提供了更多的指导和工具。

（4）指标体系实质性更加突出。《指南 3.0》在编写过程中对指标体系进行了大幅整理，在指标体系中更加注重企业的法律责任和本质责任，将更多的指标转变为扩展指标，更加注重指标的"实质性"。

《中国企业社会责任报告编写指南（CASS-CSR3.0）》是我国企业社会责任发展的又一重大事件，相信它的推出，必将有助于提高我国企业社会责任信息披露的质量，有助于发挥社会责任报告的综合价值，也必将开启社会责任报告价值管理新纪元！

2014 年 1 月

目　录

管理篇

案例篇

总论篇

第一章　企业公益发展概述

当前，我国已进入全面建成小康社会的决定性阶段，保障和改善民生的任务十分繁重。鼓励支持企业参与公益事业，是引导企业积极履行社会责任的有效方式，是促进经济健康发展的重要途径，是推动中国特色公益慈善事业发展的必然要求。

一、企业参与公益事业拥有坚实基础

（一）社会经济发展促进企业参与公益事业

中华民族自古就有乐善好施、扶危济困的优良传统。民国初年，慈善组织在华北、东北地区发展起来，产生了企业公益的萌芽。但是，受西方列强的侵略，近现代的中国经济与社会发展受到很大的阻碍，长期停留在小农经济社会，这影响到公益实践并使之停滞下来，未能走入工业社会并向着现代企业公益发展。改革开放后，中国作为世界第一人口大国，成功地推进了市场化改革和高速工业化进程。现在，中国的现代化进程已经进入到工业化中期阶段，中国的基本经济国情也已经从农业大国转变为工业大国。在此背景下，企业作为独立主体，有着更为强大的经济能力。现代企业公益这个工业化的产物，在中国已有着更为成熟的土壤和基础。

（二）履行社会责任推动企业参与公益事业

和谐社会与可持续发展成为主导 21 世纪中国发展的理念，加上企业内外各利益相关方施加的责任压力，越来越多的企业选择通过参与公益事业履行自身的社会责任。

绝大多数（90%）的中国企业都不同程度地参加了社会捐赠（中国企业家调查系统，2007）。2008 年的汶川地震，进一步激发了企业参与公益事业的热情，企业慈善捐赠水平持续提高。2015 年 9 月 19 日，中民慈善捐助信息中心发布的《2014 年中国慈善捐助报告》显示，2014 年我国境内接收国内外社会捐款捐物总额共计 1042.26 亿元，时隔 4 年捐赠量再破千亿元大关，占全年 GDP 的 0.16%，比 2013 年小幅增长 5.3%，逼近 2008 年的捐赠峰值。2014 年 4 月，马云和蔡崇信捐赠阿里巴巴 2% 的股权，按其时股价计算，捐赠金额达 245 亿元，成为我国有史以来最大单笔捐赠。2014 年，全国接收货币及有价证券捐赠 778.95 亿元，较 2013 年增加 127.2 亿元，同比增长 19.6%。

除了资金的直接捐赠外，现在不少企业成立或者参与一些基金或基金会，开始更广泛地关注社会的各个方面，特别是社会发展中的薄弱环节，如教育、扶贫、环保、医疗卫生、弱势群体帮扶等，企业开始越来越多地参与社会福利提升，参与和谐社会建设。许多企业还鼓励员工组成志愿者队伍，有计划、有针对性、可持续地开展志愿服务活动。还有一些企业通过在投资兴业中吸纳残疾人和贫困家庭劳动力就业、设立慈善信托、开展公益创投、提供技术或平台支持等新方式参与公益事业，树立了良好的社会形象。

（三）国家政策要求企业参与公益事业

企业在中国公益事业中的作用也引起了国家的高度重视。2014年12月18日，国务院颁布了《国务院关于促进慈善事业健康发展的指导意见》（以下简称《意见》），这是我国国家层面第一个专门规范慈善事业的文件，对于当前和今后一个时期慈善事业健康发展具有重大意义。《意见》指出：倡导各类企业将慈善精神融入企业文化建设，把参与慈善作为履行社会责任的重要方面，通过开展捐赠、支持志愿服务、设立基金会等形式多样的慈善活动，在更广泛的领域为社会做出贡献。《意见》同时要求：落实企业和个人公益性捐赠所得税税前扣除政策，企业发生的公益性捐赠支出，在年度利润总额12%以内的部分，准予在计算应纳税所得额时扣除。研究完善慈善组织企业所得税的优惠政策，切实惠及符合条件的慈善组织。2014年12月19日，民政部发布关于贯彻落实《国务院关于促进慈善事业健康发展的指导意见》的通知。要求各级民政系统积极引导社会各界投身慈善事业，主动联系国资委、工商联、宗教局等部门，争取建立联合工作机制，大力发动国有企业、民营企业、宗教团体和宗教活动场所投身慈善。2015年5月29日，民政部、国资委联合发布《关于支持中央企业积极投身公益慈善事业的意见》，提出要"促进广大中央企业通过公益慈善事业更好地履行社会责任、服务国家发展"。2015年10月，十二届全国人大常委会第十七次会议初次审议了《中华人民共和国慈善法（草案）》，并向社会公开征求意见，《中华人民共和国慈善法（草案）》的出台，对于企业规范、有效、可持续地参与公益事业具有重要指导意义。

二、企业参与公益事业具有重要意义

企业已成为我国公益慈善事业的主体力量。企业积极参与公益事业，对推动经济、社会和环境的可持续发展具有重要意义。

（一）企业参与公益事业有助于保障和改善民生，提升公共服务水平

当前我国正处于小康社会建设的关键时期，虽然经济社会保持了持续健康的发展，但不可否认的是，我们的发展仍旧面临较为复杂的形势，保障和改善民生的任务仍然非常艰巨。政府不可能也没有必要包揽所有社会事务，因此，一些微观的社会职能可以交由企业和社会组织等承担。企业可以有针对性地对相关领域、弱势群体开展帮扶，弥补社会政策没有覆盖到的人群，保障和改善民生，也可以在政府公共服务的基础上提供更加个性化的服务，提升公共服务水平。

（二）企业参与公益事业有助于保持与消费者的良好沟通

众多研究已经表明，企业从事公益活动，能够帮助企业与消费者建立长期的关系，提高顾客对企业的忠诚度，帮助企业在激烈的市场竞争中立于不败之地。企业对社会公益的投入，不仅可以帮助企业长期得到老顾客的支持，加强与老顾客的联系，更可以在竞争激烈的市场中吸引更多新顾客，企业的产品也可能脱颖而出，从而获得更好的回报。持续性的、长期的公益活动更能让消费者意识和

感受到企业的坚持和真挚。企业还可以通过邀请消费者参与公益活动的方式增加消费者对公益事业和企业的了解，从而获得消费者对企业的忠诚度。

（三）企业参与公益事业有助于提升企业在全球一体化背景下的综合竞争力

企业积极参与公益事业，虽然不能为企业带来直接的利润，但它对企业却有非常重要的潜在推动力。加入 WTO（世界贸易组织）后，中国经济加快全球一体化的步伐，中国企业在各个方面都向跨国企业学习，尤其将焦点集中在企业管理与市场经营方面，以提升企业的盈利能力和竞争力，但对于通过公益事业建立良好企业发展环境的战略却少有关注。然而在西方，许多企业已经将公益慈善渗透在企业经营管理中，成为企业整体战略中必不可少的部分，许多跨国企业把参与公益事业、履行社会责任作为企业发展战略的重点，这不仅为企业带来良好的声誉，而且间接为企业带来更大的市场占有率和更多的利润。同时，企业投身公益事业所形成的企业价值观会无形地增强员工的归属感、荣誉感和自豪感，有利于增强企业的凝聚力，提高员工忠诚度。面对激烈的国际竞争，中国企业必须全面提升竞争力，不仅要加大科技投入，提升产品质量，改善服务水平，更要制定公益战略，参与公益实践，积极履行社会责任，树立良好的品牌形象，进一步提升企业的综合竞争力。

第二章　企业公益报告特征

公益报告作为议题报告，专项披露企业的公益管理、实践和绩效信息，极具针对性和指向性，也更容易为公众、媒体、NGO 所熟悉与认知，更具传播性和扩散效应。目前，企业编写发布公益报告已成为最新趋势，然而我国在企业公益报告编写方面并未形成统一标准。除了对国内外公益信息披露的相关标准进行研究外，分析国内外企业公益报告的特征和发展趋势，借鉴和学习国内外企业优秀的公益报告及实践经验，将有助于进一步提升我国企业公益管理和实践水平。

一、国内外公益报告特征

公益报告是企业公益信息披露的重要载体，它披露了企业公益管理、实践以及绩效的重要信息，是企业与社会公众沟通的重要桥梁。随着公益事业越来越受到社会各界的关注，仅仅在社会责任报告中简要介绍公益信息已经不能满足当前大众的需求，这推动了越来越多的企业发布公益报告，回应社会公众的期望。然而，研究发现，目前企业主动发布的企业公益报告仍为少数。据目前已搜集的信息看，只有 7 份企业公益专项报告，能在公开渠道获取的只有 6 份报告。其中，民营企业 3 份，外资企业 3 份。报告的具体信息如表 2-1 所示。

表 2-1　国内外企业公益报告基本信息（2015 年）

企业名称	企业属性	报告名称①	页码	报告发展历程	报告结构
海航集团	民营企业	《海航集团：为爱聚力，海航陪伴 2014》	42	—②	爱之萌发 爱之绽放 爱之果实 爱之温暖
加多宝	民营企业	《加多宝公益白皮书 2014》	35	2013 年 5 月 8 日，加多宝业内首发公益白皮书	致辞 加多宝的中国梦 以善促善，人人公益 贡献教育 12 年 2.5 亿元探索灾害救助与建设性扶贫 9 省农村种植户的经济扶贫 5000 加多宝人的志愿参与 总结与展望 加多宝公益大事记 社会认可
中天集团	民营企业	《中天公益慈善绿皮书 2013》	63	2013 年：中天公益慈善绿皮书 2012	慈善家 道德林 行善举 爱心海 践行篇
新东方	民营企业	《新东方公益白皮书》	—③	2012 年 12 月 7 日首发	—④
中国三星	外资企业	《中国三星社会公益活动白皮书 2013~2014》	95	该报告是中国三星向社会公开发布的第九本社会公益活动白皮书	总裁致辞 社会公益哲学 社会公益管理 社会公益活动 三星荣誉及媒体报道
LG 化学（中国）	外资企业	《梦想与希望同在——LG 化学（中国）社会公益 2013》	12	该报告发布时间为 2014 年，无后续报告	企业介绍 青少年关爱 社会福利 地区社会贡献 2013 媒体聚焦

① 截至本书出版前，目标企业发布的报告为其最新报告。
② 截至本书出版前，海航集团公益报告发布情况不详。
③ 该报告只在网上发布，无法从公开渠道获得全文，页码不详。
④ 该报告只在网上发布，无法从公开渠道获得全文，页码不详。

续表

企业名称	企业属性	报告名称	页码	报告发展历程	报告结构
东芝 （中国）	外资企业	《东芝（中国）社会贡献活动 2014~2015》	10	《东芝（中国）社会贡献活动 2013~2014》	东芝公益方针 社会贡献费用支出明细 融聚公益力量 为教育贡献力量 推进体育文化发展与交流 灾难紧急救助 与地区社会和谐共生 环保活动

从国内外企业发布的公益报告来看，具有以下四个特征：一是报告结构较为完整，基本能够反映企业公益年度进展；二是报告内容比较充实，但篇幅相差较大，重点描述企业公益实践状况；三是报告形式创新，在报告框架、排版设计和呈现方式等方面提升了报告质量；四是报告披露的公益信息指标较少，着重于故事的阐述，延续性不佳。

（一）报告结构较为完整，能够较全面反映企业公益年度进展

目前已经发布的 6 份报告，就整体结构而言，基本能够反映企业在本年度的公益活动与最新进展。一般而言，公益报告的总体结构中，包括领导致辞、公益理念或方针、公益活动概况、公益成效以及社会影响等部分，整体结构较为完整。如《中国三星社会公益活动白皮书》包括社会公益哲学、社会公益管理、社会公益活动、三星荣誉及媒体报道四个部分，从管理到实践、从总部到各地法人、从公益活动到公益影响，较为全面立体地反映了中国三星在2013~2014 年的公益进展。

（二）报告内容比较充实，但篇幅相差较大，重点描述企业公益实践状况

从报告整体内容来看，各个企业的公益实践描述都较为充实，重点描述企业主要公益领域的活动情况。就篇幅来看，相差较大。6 份公益报告的平均篇幅是 43 页。其中，《中国三星社会公益活动白皮书 2013~2014》篇幅最长，为 95 页；最短的是《东芝（中国）社会贡献活动 2014~2015》，共 10 页，篇幅相差较大。其中，固然有各个企业的公益活动丰富程度与写作深度的影响因素，也体现了目前企业写作公益报告缺乏标准参考。

（三）报告形式创新，在报告框架、排版设计和呈现方式等方面提升了报告质量

相较于社会责任报告，企业公益报告作为议题报告，因其内容通俗易懂、容易与社会公众的关注点相契合，更具针对性和传播性，因此在报告的形式上非常多样、易于创新，在报告框架、排版设计以及最终呈现方式上也更加丰富。如《中天公益慈善绿皮书 2013》，从慈善家、道德林、行善举、爱心海、践行篇五个方面分类阐述了中天集团 2014 年公益实践以及取得的公益成效，成为中天集团树立负责任形象的宣传册。

（四）报告披露的公益信息指标较少，着重于故事的阐述，延续性不佳

公益报告主要披露年度企业公益的管理、实践以及绩效。从目前收集到的 6 份公益报告看，大多数报告重在描述企业的公益理念、公益实践，对于企业公益的管理与运作描述甚少。研究证明：

"公益管理"和"品牌项目"是企业做好公益的关键要素，正如哑铃的两端，任何一端发展不均衡，都将偏离企业公益事业的正确走向。[①] 此外，公益信息披露的程度也较低，大多数报告只披露捐赠总额、志愿服务绩效等有限指标，对于公益合作、公益沟通等方面的指标涉及极少。此外，对于具体公益活动更多是定性的、感性化的、故事化的描述，缺少对公益产出的定量化介绍。从报告的延续性看，大多数公益报告往往不是年度发布，多年发布一本或者未按时发布的情况较多。

二、国内外社会责任报告公益专题特征

当前，我国企业发布公益报告虽已渐成趋势，但总体而言，绝大多数企业仍然倾向于在社会责任报告中发布企业公益的年度信息。故此，我们也特别比较了在《企业公益蓝皮书2015》中国有企业、民营企业[②]以及外资企业排名的前五位，重点比较其公益专题部分的特征，以保证尽可能全面地反映当前优秀国内外企业公益的现状与发展趋势，如表2-2、表2-3、表2-4所示。

---

① 钟宏武、汪杰等：《企业公益蓝皮书2014》，经济管理出版社2015年版。
② 因民营企业前五位中一家企业未发布社会责任报告，公益信息采集依据的是基金会报告，故不纳入分析，顺延至第六位。

表 2-2　国有企业 CSR 报告公益专题基本信息（2015 年）

企业名称	报告名称	《企业公益蓝皮书2015》300强排名	公益专题页码	写作结构
华润集团	《华润（集团）有限公司社会责任报告2014》	1	18	主题探索特色责任项目：华润希望小镇 社会公益 （一）公益管理 （二）定点扶贫 （三）社区共建 （四）特色公益
中国移动	《中国移动通信集团公司可持续发展报告2014》	2	7	专题故事："影子计划" 帮助地区发展 支持社会公益
东风汽车	《东风汽车公司社会责任报告2014》	10	10	公益慈善管理 东风志愿者 对口援建 支持灾后重建 支持科教文卫事业
招商局集团	《招商局集团社会责任报告2014》	11	11	百年老店的慈善基因 积极探索专业公益之路 大力推动定点扶贫工作
中国石化	《为美好生活加油——中国石油化工集团公司社会责任报告2014》	13	8	热心公益，回馈社会 倾情献力，服务社会 专题：光明十年行，全民公益路

表 2-3　民营企业 CSR 报告公益专题基本信息（2015 年）

企业名称	报告名称	《企业公益蓝皮书2015》300强排名	公益专题页码	写作结构
阿里巴巴	《阿里巴巴集团社会责任报告2014》	2	7	公益管理 平台公益 员工公益 全球公益 公益创新
民生银行	《中国民生银行社会责任报告2014》	8	8	奉献爱心，回馈社会 迎接公益新时代，全情投入共创和谐 夯实基础，我们追求更专业的公益 积极参与，我们渴望更用心的公益 文化引领，我们打造更创新的公益

续表

企业名称	报告名称	《企业公益蓝皮书2015》300强排名	公益专题页码	写作结构
海航集团	《海航集团社会责任报告2014》	14	10	慈爱涓滴积善汇暖洋 十年光明行 公益创新 扶危助困 灾害援助 全球公民
大连万达	《万达集团社会责任报告2014》	16	6	慈善捐赠 义工服务
中兴通讯	《中兴通讯股份有限公司可持续发展报告2014》	18	4	带动社区发展 热心慈善捐赠

表2-4 外资企业CSR报告公益专题基本信息（2015年）

企业名称	报告名称	《企业公益蓝皮书2015》300强排名	公益专题页码	写作结构
中国三星	《中国三星社会责任报告2014》	4	7	公益管理 希望运动 分享运动 爱心运动 绿色运动
现代汽车	《携手共创更好未来——现代汽车集团（中国）社会责任报告2014》	5	18	社会贡献体系 Green Move——共建绿色社会 Safe Move——共创安全社会 Happy Move——共享幸福社会 集团子公司公益活动剪影
佳能（中国）	《佳能（中国）企业社会责任报告2014~2015》	6	12	责任专题——文化之魂丝路之美 用影像传递感动 影像公益战略 用影像传承民族文化 用影像助力环保公益 用影像架起沟通之桥 用影像传递健康幸福 人道援助
安利（中国）	《安利（中国）企业社会责任报告2014》	7	4	热心社会公益，让社会更加和谐美好 关爱贫困儿童 持续助力环保事业 积极投身志愿服务
松下电器	《中国松下社会责任报告2014》	12	8	专题：梦想守护家园 行动改变明天 幸福社区 （一）公益管理 （二）公益项目

从目前发布的 2014 年企业社会责任报告公益部分看，具体特征如下：一是设置公益专题，突出当年的社会责任亮点；二是结构较为完整，篇幅相差较大；三是企业公益信息披露不全面、不规范。

（一）设置公益专题，突出当年的社会责任亮点

在 15 份企业社会责任报告中，有 6 份报告将公益活动作为企业社会责任的年度亮点，所占比重为 40%。如华润集团的"希望小镇"、中国石化的"十年光明行"等，都是把品牌公益项目的年度重大进展作为当年的履责亮点。由此可见，企业公益能够塑造企业负责任形象。然而，受到整体篇幅的限制，企业很难在有限的篇幅中呈现丰富的公益实践，因此，撰写并发布企业公益专项报告显得尤为必要。

（二）结构较为完整，篇幅相差较大

就 15 份报告而言，公益部分的整体内容较为完整，基本包括当年的公益实践以及取得的公益成效，然而，明确提出公益战略与管理的只有 5 份报告，仅占总体的 1/3。此外，国有企业、民营企业、外资企业社会责任报告公益部分的篇幅差距也较为明显。如图 2-1 所示，15 份报告的平均篇幅为 9 页，国企最多（11 页），外企次之（10 页），民企最少（7 页）。总体而言，较短篇幅很难全面、规范地披露企业公益信息。

（三）企业公益信息披露不全面、不规范

研究表明，中国企业 300 强的公益信息披露率不高[①]。在公益战

---

① 钟宏武、汪杰等：《企业公益蓝皮书 2014》，经济管理出版社 2015 年版。

（页）

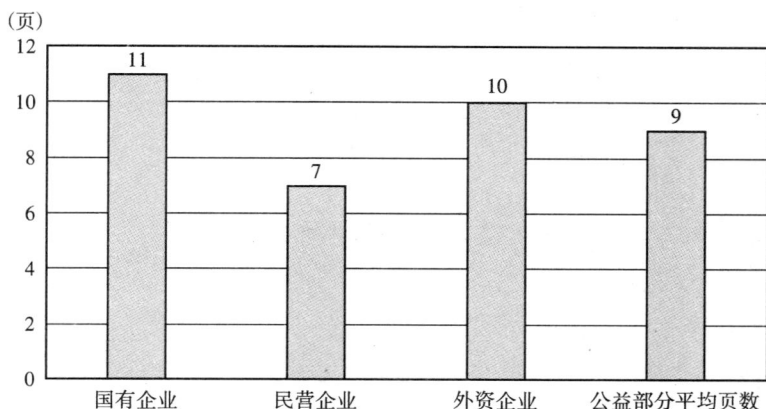

图 2-1　三种类型企业社会责任报告公益部分页数比较

略、组织化运作、公益交流、公益合作、公益项目评估以及公益研究等方面披露率较低（见图 2-2）。在 15 份社会责任报告中，公益部分重在对公益活动进行故事性的叙述，缺乏公益管理、合作、沟通等具体指标的披露，不够全面和规范。因此，企业公益报告编写的标准显得尤为重要。

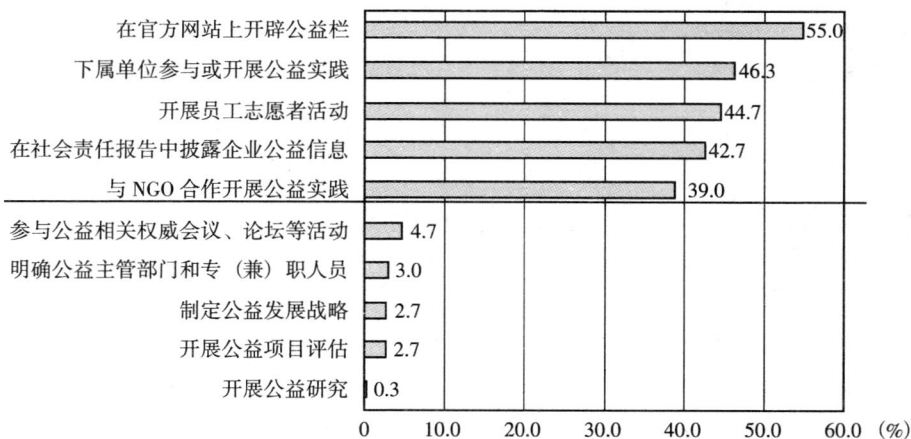

图 2-2　300 强企业指标得分率情况①

————————————

① 钟宏武、汪杰等：《企业公益蓝皮书 2014》，经济管理出版社 2015 年版。

指　标　篇

第三章　报告指标详解

《指南 3.0》中报告指标体系由五大部分构成：报告前言（P）、公益管理（M）、公益实践（P）、公益影响（E）和报告后记（A），如图 3-1 所示。

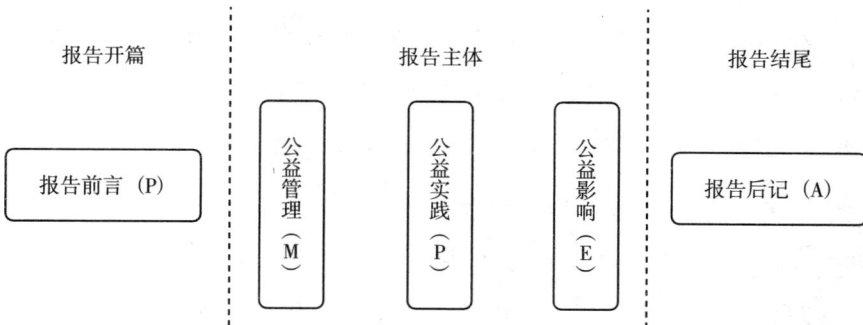

报告开篇　　　　　　　报告主体　　　　　　　报告结尾

| 报告前言（P） | 公益管理（M） | 公益实践（P） | 公益影响（E） | 报告后记（A） |

图 3-1　公益报告编写指南指标体系五大组成部分

一、报告前言（P 系列）

本板块依次披露报告规范、报告流程、领导致辞、企业简介。

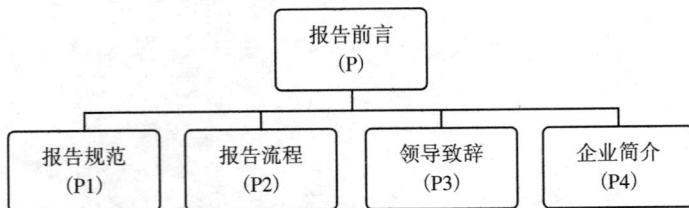

图 3-2　报告前言包括的二级板块

（一）报告规范（P1）

扩展指标　P1.1 报告质量保证程序

指标解读：规范的程序是企业公益报告质量的重要保证。报告质量保证程序是指企业在编写公益报告的过程中通过什么程序或流程确保报告披露的信息正确、完整、平衡。

一般情况下，报告质量保证程序的要素主要包括三个方面。

● 报告是否有第三方认证以及认证的范围；

● 企业内部的哪个机构是报告质量的最高责任机构；

◕ 在企业内部，报告的编写和审批流程。

核心指标　P1.2 报告信息说明

指标解读：该指标主要包括第几份企业公益报告、报告发布周期、报告参考标准和数据说明等。

核心指标　P1.3 报告边界

指标解读：该指标主要指报告信息和数据覆盖的范围，如是否覆盖下属企业、合资企业以及供应链。

由于各种原因（如并购、重组等），一些下属企业或合资企业在报告期内无法纳入企业公益报告的信息披露范围，企业必须说明报告的信息边界。此外，如果企业在海外运营，须在报告中说明哪些公益信息涵盖了海外运营组织；如果企业报告涵盖供应链，须对供应链相关公益信息披露的原则和信息边界做出说明。

核心指标 P1.4 报告体系

指标解读： 该指标主要指企业的公益信息披露渠道和披露方式。公益信息披露具有不同的形式和渠道。部分公司在发布公益报告的同时通过媒体等方式进行信息披露，企业应在公益报告中对这些信息披露形式和渠道进行介绍。

核心指标 P1.5 联系方式

指标解读： 该指标主要包括解答报告及其内容方面问题的联络人和联络方式、报告获取方式及延伸阅读。

示例：

● **延伸阅读**

本报告可通过下述网址浏览下载：

网　址：http://www.toshiba.com.cn/csr2015/download_shgxbgs.html

● **联系我们**

地址：北京市朝阳区东方东路 19 号院 5 号楼亮马桥外交办公大楼 D1 座 1401 室

如对本报告有何疑问或咨询，请按下列方式联系：

东芝（中国）有限公司　　　　公关·宣传部

电话：010-85316888

传真：010-85315028

——《东芝（中国）社会贡献活动 2014~2015》封底

（二）报告流程（P2）

核心指标 P2.1 报告编写流程

指标解读： 该指标主要指公司从组织、启动到编写、发布公益报告的全过程。完整、科学的报告编写流程是报告质量的保证，也有助于利益相关方更好地获取报告信息。

(三) 领导致辞 (P3)

领导致辞是企业最高领导对企业公益的概括性阐释。领导致辞代表了企业最高领导人 (团队) 对企业公益的态度和重视程度。

核心指标 P3.1 企业公益的机遇和挑战

指标解读： 该指标主要描述企业实施公益的战略考虑及企业落实公益管理与实践为企业带来的发展机遇。

> **示例：**
>
> 从心怀感恩到肩负使命，17 年来，加多宝人从未松懈。在加多宝的推动下，凉茶成为中国非物质文化遗产的代表，而凉茶文化的背后正是凉茶创始人王泽邦先生悬壶济世、悲天悯人的慈悲情怀。在加多宝人的心中，传承民族凉茶文化与弘扬慈悲精神相辅相成。为此，17 年的公益之路，加多宝一直阔步向前，从未停歇，也未敢停歇。这是加多宝人的职责和使命，也是加多宝向公益"中国梦"的跬步成行！
>
> 憧憬未来，我们期望以企业和个体的小善带动社会大善，以自身的公益善行，唤起社会更多的善念，汇聚更多的公益力量，促进善能量的循环。我们也希望能够携手公益组织、媒体及全社会的爱。
>
> ——《加多宝公益白皮书 2014》P5

核心指标 P3.2 年度企业公益成绩与不足的总结

指标解读： 该指标主要指企业本年度在公益领域取得了哪些关

键成绩，以及存在哪些不足。

示例：

自 2005 年起，中国三星专设社会公益部门，秉承三星集团的"分享经营"的哲学，选择代表"希望"的教育支援、代表"爱心"的社会福利、代表"分享"的农村支援和代表"绿色"的环境保护四个重点领域全面推进公益活动。

中国三星为了将三星的经营成果与中国社会共同分享，给更多的中国人民带去"梦想"和"希望"，先后启动了扶持农村的"一心一村行动"，支援教育的"三星希望小学建设"和"三星——西部阳光大学生支教"，社会福利领域的"三星爱之光之白内障复明手术"和"集善三星爱之光助残行动"，环保领域的"一社一河、一湖、一山美化活动"等社会公益项目。

中国三星每年都会通过编制社会公益白皮书，回顾过去一年的公益活动成果，反省不足、立志未来。社会公益白皮书记载着过去一年中国三星每一位员工在社会公益领域所付出的热情和心血。

——《中国三星社会公益活动白皮书 2013~2014》P5

（四）企业简介（P4）

核心指标　P4.1 企业名称、所有权性质及总部所在地

指标解读：该指标主要介绍企业的全称、简称，企业所有权结构，以及企业总部所在的省市。

示例：

LG 化学自 1995 年在中国投资建厂以来，先后在北京、天

津、南京、宁波、广州、台湾等地建立 10 家生产法人。另外，在上海、广州、青岛、烟台、宁波、深圳等城市设立 6 家分公司，在合肥、重庆、厦门设立 3 家联络处，同时成立香港销售法人，本土化战略得到充分落实。

——《梦想与希望同在——LG 化学（中国）社会公益 2013》P4

核心指标 P4.2 企业主要品牌、产品及服务

指标解读： 通常情况下，企业对社会的影响主要通过其向社会提供的产品和服务实现。因此，企业应在报告中披露其主要品牌、产品和服务，以便于报告使用者全面理解企业的社会影响。

示例：

承载美好生活，化学呈现科技。从石油化工、信息电子材料到电池，LG 化学的创新解决方案，带您尽享卓越生活。

——《梦想与希望同在——LG 化学（中国）社会公益 2013》P3

扩展指标 P4.3 列举企业在公益领域协会、国家组织或国际组织中的会员资格或其他身份

指标解读： 企业积极参与公益领域协会、国家组织或国际组织，一方面是企业自身影响力的表现，另一方面可以发挥自身在协会等组织中的影响力，带动其他企业参与公益事业。

二、公益管理（M 系列）

有效的公益管理是企业实现公益可持续发展的基石。企业应该推进公益管理体系的建设，并及时披露相关信息。根据最新研究成果，企业公益管理体系包括公益战略规划、公益组织化运行、公益制度、可持续公益、公益能力培育与文化建设五大部分。

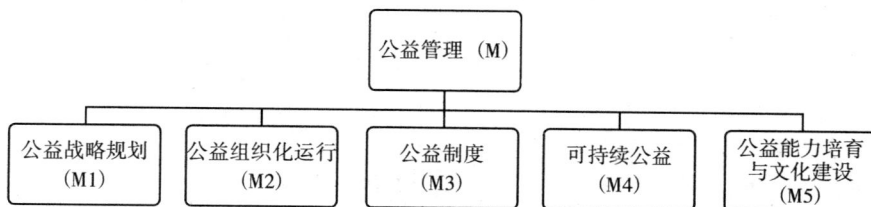

图 3-3 报告前言包括的二级板块

（一）公益战略规划（M1）

公益战略规划是指公司在全面认识自身业务对社会的影响、全面了解利益相关方需求的基础上，制定明确的公益理念和公益规划。

核心指标 M1.1 企业公益理念、愿景、价值观

指标解读：该指标描述企业对社会负责任的经营理念、愿景及价值观。

企业公益理念是企业进行公益活动的内部驱动力和方向，企业应该树立科学的公益理念，用以指导企业的公益实践。

示例:

三星以"Happy Together,共筑幸福世界"为企业愿景,不断追求希望(Hope)、和谐(Harmony)、人道(Humanity)价值。

```
┌─────────────────────────────┐
│      Happy Together          │
│       共筑幸福世界            │
└─────────────────────────────┘

┌──────────┐  ┌──────────┐  ┌──────────┐
│  Hope    │  │ Harmony  │  │ Humanity │
│  希望    │  │  和谐    │  │  人道    │
└──────────┘  └──────────┘  └──────────┘
┌──────────┐  ┌──────────┐  ┌──────────┐
│面向弱势群 │  │携手地区社 │  │实践分享型 │
│体开展注入 │  │会、NGO   │  │奉献活动   │
│希望的事业 │  │          │  │          │
└──────────┘  └──────────┘  └──────────┘
```

——《中国三星社会公益活动白皮书 2013~2014》P12

核心指标 **M1.2 企业高层的支持或者实践**

指标解读:企业高层的支持或者实践反映了企业高层对于公益活动的态度。

示例:

"从 2015 财年开始,希望每位阿里人每年能完成 3 小时的公益志愿服务,用实际行动来支持公益。做公益是一种'认真生活'。我们希望员工在阿里巴巴获得的不仅是薪水、能力的长进,也有感恩和公益的心。"——马云

——《阿里巴巴集团社会责任报告 2014》P51

扩展指标 **M1.3 公益中长期规划**

指标解读:公益中长期规划是企业公益的有效指引。本指标主要描述企业公益总体目标、阶段性目标、保障措施等。

核心指标 M1.4 企业公益年度计划

指标解读：企业公益年度计划包括企业在本年度内公益目标、实践计划、保障措施等。

（二）公益组织化运行（M2）

公益组织化运行是指通过建立必要的组织体系，保证企业公益理念得以贯彻，保证企业公益规划和目标得以落实。

核心指标 M2.1 企业公益组织体系

指标解读：本指标包括两个方面的内容：①明确或建立企业公益的责任部门；②企业公益部门的人员配置情况及职责分工。

一般而言，企业公益组织体系包括以下三个层次：

● 决策层，主要由公司高层领导组成，负责企业公益相关重大事项的审议和决策；

● 组织层，企业公益的归口管理部门，主要负责公益相关规划、计划和项目的组织推进；

● 执行层，主要负责企业公益相关规划、计划和项目的落实执行。

示例：

北京地区	华北地区
中国三星总部 三星电子中国总部 三星（中国）投资有限公司北京分公司 三星电子（北京）技术服务有限公司 北京三星通信技术研究有限公司 三星数据系统（中国）有限公司 北京杰尔思行广告有限公司 中航三星人寿有限公司 北京三星鹏泰技术咨询有限公司	天津三星通信技术研究有限公司 天津三星泰科光电子有限公司 天津三星电子有限公司 天津三星通信技术有限公司 天津三星视界有限公司 天津三星视界移动有限公司 天津/高新三星电机 天津三星光电子有限公司 天津三星高新塑料有限公司 天津三星 LED 有限公司 三星（中国）投资有限公司沈阳分公司 三星电子（山东）数码打印机有限公司 三星重工业（荣成）有限公司

中国三星社会公益组织团

华南地区	华东地区
三星（中国）投资有限公司广州分公司 广州三星通信技术研究院 惠州三星电子有限公司 深圳三星电子通信有限公司 上海三星半导体有限公司深圳分公司 深圳三星视界有限公司 东莞三星视界有限公司 东莞三星电机有限公司 东莞三星道达尔工程塑料有限公司 广东星浦钢材加工有限公司 三星（海南）光通信技术有限公司 三星（中国）投资有限公司成都分公司	三星重工业（宁波）有限公司 三星电子（中国）研发中心 苏州三星电子有限公司 三星电子（苏州）半导体有限公司 苏州三星显示有限公司 苏州三星电子电脑有限公司 昆山三星电机有限公司 上海三星广电电子器件有限公司 三星（中国）投资有限公司上海分公司 三星贸易（上海）有限公司 三星财产保险（中国）有限公司 上海三星半导体有限公司

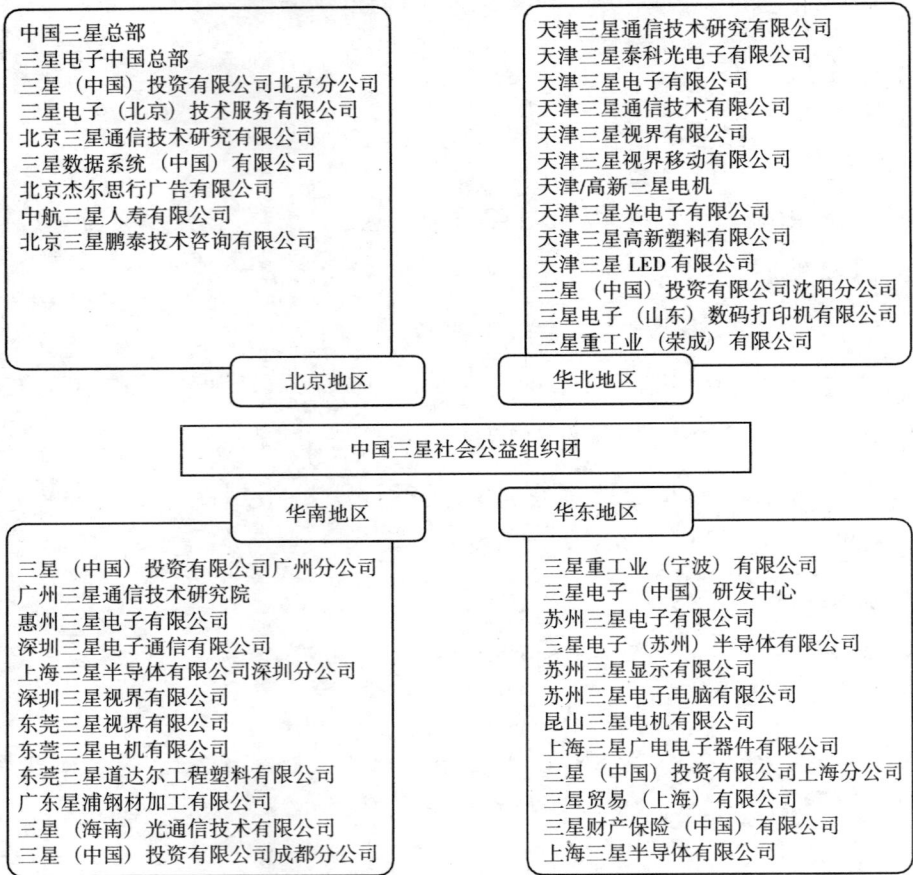

——《中国三星社会公益活动白皮书 2013~2014》P9

扩展指标　**M2.2 企业公益基金/基金会**

指标解读：本指标主要包括以下两个方面的内容：①企业公益基金/基金会的组织体系；②企业公益基金/基金会的人员配置情况及职责分工。

核心指标　**M2.3 企业员工志愿者协会/服务队**

指标解读：动员企业员工自发成立志愿者协会或服务队，通过志愿者活动增加员工的个人价值，增进员工对企业的认同感。

> **示例：**
>
> 　　东风公司成立"东风志愿者工作指导委员会"，统一规划、组织东风志愿服务活动。"委员会"根据公司社会责任中期行动计划——"润"计划的总体部署，持续组织和动员广大青年积极参与到志愿服务活动中。目前已构建了110支"三化四有"志愿者服务队，拥有志愿者4000余人。2014年持续开展了"公益助学"、"学雷锋"、"敬老月"、"社区服务"、"环境保护"等志愿服务活动，以实际行动践行"奉献、友爱、互助、进步"的志愿者精神，为和谐东风建设贡献青春与力量。
>
> ——《东风汽车公司社会责任报告2014》P73

（三）公益制度（M3）

　　企业公益的开展落实需要有力的制度保证。本指标主要描述企业为了更好地开展公益活动、实现公益战略所制定的各项公益管理制度。

　　核心指标　　**M3.1 公益捐赠管理制度**

　　指标解读：公益捐赠管理制度是对企业捐赠的决策、数额、用途等进行详细规定。

> **示例：**
>
> 　　建立健全管理组织体系、制定对外捐赠管理制度，严格对外捐赠审批流程。将日常对外捐赠支出纳入预算管理体系，明确对外捐赠支出的限额和权限，贯彻执行捐赠审批备案制度，加强内部监管，提高资金使用效率。
>
> ——《中国三星社会公益活动白皮书2013~2014》P14

核心指标 **M3.2 公益项目管理制度**

指标解读：企业公益常以项目的形式开展，因此需加强对项目的制度管理。公益项目管理制度是对项目范围、资助方式、审批程序、项目管理等进行详细规定。

扩展指标 **M3.3 基金会劳动人事薪酬管理制度**

指标解读：对于成立了基金会的企业，劳动人事薪酬管理制度的制定可以规范基金会的人事管理，有助于基金会的长效运作。基金会劳动人事薪酬管理制度是对基金会的组织机构、劳动人事管理、项目人员管理、培训制度等进行详细规定。

核心指标 **M3.4 公益财务管理制度**

指标解读：公益财务管理制度是对企业或基金会的财务人员岗位职责、预算管理、财务报告编制、资金管理、对外投资管理、固定资产、公益项目支出流程等进行详细规定。

核心指标 **M3.5 志愿者管理制度**

指标解读：志愿者是企业开展公益项目的重要力量，企业内部员工志愿者和外部社会志愿者的管理对于企业顺利开展公益活动有重要意义。志愿者管理制度是对志愿者招募、志愿者组织管理、志愿者培训、志愿者激励等进行详细规定。

扩展指标 **M3.6 NGO 合作管理制度**

指标解读：NGO 是企业开展公益活动的重要合作伙伴，通过与 NGO 合作，企业的公益活动可以更加专业化、规范化。NGO 合作管理制度是对 NGO 招标、职责、培训、激励等进行详细规定。

核心指标 **M3.7 公益项目监测与评估制度**

指标解读：公益项目的评估，影响到项目的质量，也影响到社会公众对公益项目组织执行力的认可。本指标主要描述企业为了了解公益项目执行情况、衡量公益项目执行效果，聘请第三方评估机构对企业实施的公益项目进行监测与评估的制度。

（四）可持续公益（M4）

可持续公益是指企业在进行公益管理与实践时，将公益事业与企业自身发展相结合，互相促进，协同发展，实现企业公益的可持续。

扩展指标　**M4.1 可持续公益战略规划**

指标解读：本指标主要描述企业为了实现可持续公益，结合企业自身资源和优势，制定相应发展战略和规划。

扩展指标　**M4.2 可持续公益措施**

指标解读：本指标主要描述企业为了实现可持续公益所采取的具体措施，如实施与企业主业相结合的公益项目等。

示例：

华润将希望小镇建设与企业自身业务发展相结合，以种植、养殖专业合作分社为平台，将产业帮扶深化为产业发展。2013年，华润加快推进百色市右江区片区土地经营权流转，截至2013年底，该区第一期、第二期共签约流转土地9195亩，涉及百色市永乐、汪甸、龙川3个乡镇。通过实施土地流转，将农户零散的土地进行统一平整，组建农庄，与华润万家超市实行"农超对接"，形成农产品"产、供、销"一体化产业链，促进了农业产业化发展。据统计，2013年百色华润希望小镇农民人均纯收入达12096元，同比增长20%，比2012年增收2000多元，比该区平均水平高出4792元。

——《华润（集团）有限公司社会责任报告2013》P34

扩展指标   **M4.3 可持续公益成果**

指标解读：本指标主要描述企业按照战略规划，采取相应措施后，在可持续公益方面取得的成效。

（五）公益能力培育与文化建设（M5）

公益能力培育与文化建设是指企业通过开展公益课题研究、参与公益领域交流和研讨活动提升企业公益知识水平；通过开展公益培训与教育活动提升企业员工的公益意识。

核心指标   **M5.1 公益专兼职人员定期培训**

指标解读：公益专兼职人员是企业公益的具体践行者，企业必须重视对公益专兼职人员的培训和能力建设，以确保企业公益执行团队的专业性。

核心指标   **M5.2 员工志愿者培训**

指标解读：本指标主要描述企业为提升员工志愿者能力所开展的公益相关培训情况。

扩展指标   **M5.3 开展公益领域课题研究**

指标解读：由于企业公益是新兴课题，企业应根据公益理论与实践的需要自行开展公益领域调研课题，把握公益现状和企业自身情况，以改善企业公益管理，优化企业公益实践。

示例：

华润与国资委研究局、中国社科院合作编写案例，《华润希望小镇》、《循环经济产业园案例》被收录案例集公开出版。

——《华润（集团）有限公司社会责任报告 2014》P52

扩展指标　M5.4 参与公益领域研究和交流

指标解读：本指标主要指企业通过参与国内外、行业内外有关企业公益的研讨和交流，学习、借鉴其他企业和组织的公益先进经验，进而提升本组织的公益影响。

扩展指标　M5.5 开展公益先进事迹评选

指标解读：本指标主要描述企业内部的公益优秀单位、优秀个人评选或优秀实践评选相关制度、措施及结果。

> **示例：**
>
> 从 2012 年起，为了向利用业余时间致力于公益事业、向社会奉献爱心的中国移动人致敬，中国移动在每年的优秀企业社会责任实践评选中增加了"公益之星"评选环节。2014 年经由超过 26 万网友投票产生了三位中国移动"公益之星"。
>
> ——《中国移动通信集团公司可持续发展报告 2014》P34

扩展指标　M5.6 拍摄公益广告或宣传片

指标解读：本指标主要描述企业通过拍摄公益广告或宣传片，扩大企业公益理念或实践的公众知晓度，并带动公众共同参与公益实践。

> **示例：**
>
> 中国光大银行在北京、上海、广州等 6 个城市发布"母亲水窖"地铁公益广告：

扩展指标　**M5.7 企业文化建设中植入公益文化**

指标解读：企业通过组织、实施公益培训计划，提升员工的公益理念，使员工成为企业公益理念的传播者和实践者，使公益文化真正成为企业文化的有机组成部分。

扩展指标　**M5.8 设立公益活动日/周/月**

指标解读：本指标主要指企业通过设立公益活动日/周/月，传播企业公益理念，鼓励和组织员工参与公益实践，参与国内外、行业内外有关公益的交流，学习、借鉴其他企业和组织的公益先进经验，进而提升本组织的公益影响。

示例：

——《中国三星社会公益活动白皮书 2013~2014》P91

三、公益实践（P 系列）

公益实践主要描述企业开展的公益活动或者公益项目的行为。企业的公益实践可分为公益投入/产出、公益沟通、公益资源整合三部分。

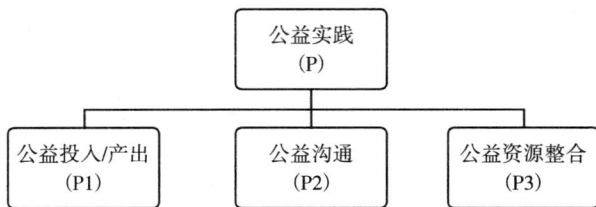

图 3-4　公益实践二级板块构成

（一）公益投入/产出（P1）

公益投入/产出主要指企业在公益领域的投入以及由于投入产生的影响。公益投入包括企业在公益活动或者项目中，人力、物力、财力的投入，公益产出指企业公益执行的实际效果，是指公益的实际影响。

核心指标　P1.1 企业公益的主要领域

指标解读：本指标主要描述企业关注、从事公益活动或者运营公益项目的主要领域。

示例：

现代汽车集团在中国建立了由"Green Move——共建绿色社会"、"Safe Move——共创安全社会"、"Happy Move——共享幸福社会"三部分构成的社会贡献活动体系，重点关注 8 个领域，以环境、交通、未来的潜在顾客、社会的弱势群体为对象，开展企业的公益实践。

——《携手共创更好未来——现代汽车集团（中国）社会责任报告 2014》P66—67

扩展指标　P1.2 海外公益

指标解读：本指标主要描述中国企业在海外开展公益活动的情况。

示例：

神华澳洲公司设立"沃特马克社区基金"，连续 5 年每年拨款 100 万澳元用于资助和推动当地社区的公益事业，涉及卫生福利、儿童福利、老年人护理、本土和环境等领域。俄罗斯公司赞助该区"人人享有体育运动"项目，帮助广大居民系统地参加群众性体育训练和运动。

——《神华集团社会责任报告 2014》P68

核心指标 **P1.3 年度公益投入情况**

指标解读： 本指标主要描述企业年度内在公益领域的投入情况，包括投入资金总额、对外捐赠、公益项目支出、员工志愿活动费用支持等。

示例：

分 类	2012 年	2013 年	2014 年
公益活动次数（次）	151	277	341
志愿者参与人数（人次）	6273	9158	11081
志愿者活动时长（小时）	12597	15366	17671
公益投入总额（万元）	2946	3587	9195

——《携手共创更好未来——现代汽车集团（中国）社会责任报告 2014》P66

核心指标 **P1.31 年度公益投入资金流向**

指标解读： 本指标主要描述企业年度公益投入的资金流向，如对外捐赠、公益项目、支援员工志愿服务等。

示例:

各领域中用于社会贡献活动的费用支出明细（2014 年度）

其他（产品捐赠等）※2
17%

科学技术教育
46%

医疗
5%

国际友好
2%

社会慈善
6%

支出总额:
约 35 亿 日元※1
（2014.4~2015.3）

保护自然环境
2%

振兴体育和文化事业
15%

灾害援助
7%

※1 支出费用中包括：①捐款；②自主项目；③产品捐赠。

——《东芝中国社会贡献活动 2014~2015》P2

核心指标　P1.4 主要公益项目

指标解读：本指标主要指企业实施的主要公益项目。

示例:

中国移动慈善基金会在教育均等、弱势群体帮扶等领域实施了一系列长期性公益项目。2014 年，基金会公益捐赠金额为 3830 万元，历年累计捐赠金额达 1.5735 亿元，用于开展"蓝色梦想"、爱"心"行动以及多项战略性公益慈善项目。

——《中国移动通信集团公司可持续发展报告 2014》P32

核心指标　P1.41 项目实施地区

指标解读：本指标主要指公益项目实施的地区或者地域。

示例：

	实施城市	日期	承办大学	参加省份	学生数	大学生志愿者大数
1	北京	7月16~13日	首都师范大学	河北、天津、山西	90	10
2	哈尔滨	7月21日至8月4日	黑龙江大学	黑龙江、辽宁	120	12
3	济南	7月9日至7月24日	济南大学	山东、河南	130	14
4	西安	8月10日至8月21日	西安交通大学	陕西、四川、重庆	170	17
5	银川	7月16日至7月25日	北方民族大学	宁夏、青海	66	8
6	武汉	7月5日至7月15日	湖北大学	湖北	86	9
7	合肥	7月2日至7月15日	合肥师范学院	安徽	56	9
8	南昌	7月6日至7月20日	南昌大学	江西、湖南	126	14
9	昆明	7月21日至8月4日	云南师范大学	云南、广西、贵州	156	17
	合计				1000	110

2014 三星梦想课堂

——《中国三星社会公益活动白皮书 2013~2014》P26

核心指标 P1.42 项目资金投入总额

指标解读： 本指标主要指项目投入金额。

示例：

　　内蒙古查干诺尔盐碱干湖盆治理项目是现代汽车集团赞助的公益性环保治理项目，该项目于 2008 年正式启动，以现代汽车生态园为基地，总投资 1361 万元。

——《携手共创更好未来——现代汽车集团（中国）社会责任报告 2014》P68

核心指标 P1.43 项目信息公开

指标解读： 本指标主要指项目信息通过网络、内刊等渠道定期发布。

示例：

——http://crcf.crc.com.cn/crhv/

核心指标　P1.44 受益人群/地区

指标解读：本指标主要描述公益项目所覆盖地区或人群的数量。

示例：

"梦想之屋"梦想传递之路

活动介绍：向教育设施落后的贫困地区小学捐赠图书、体育
用品等教育设施
捐赠内容：图书5000册、多媒体教育设施、体育用品等
捐赠对象：国内教育设施较落后学校
合作单位：北京青少年发展基金会
活动成果：21个地区的28所学校

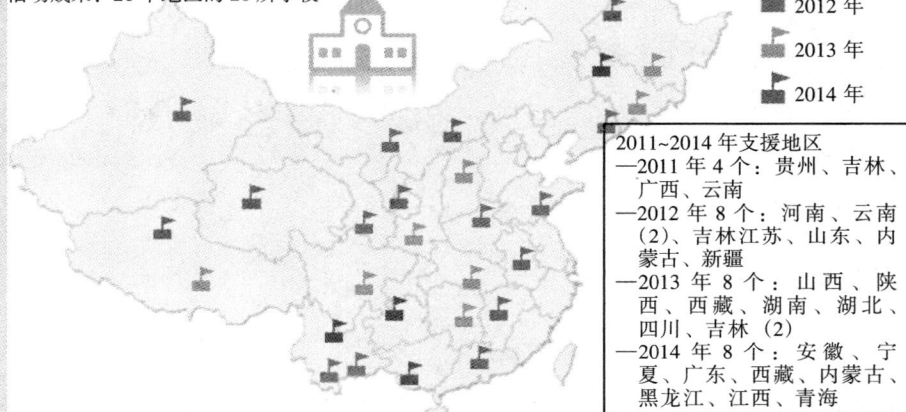

▪ 2011 年
▪ 2012 年
▪ 2013 年
▪ 2014 年

2011~2014 年支援地区
—2011 年 4 个：贵州、吉林、
　　广西、云南
—2012 年 8 个：河南、云南
　　（2）、吉林江苏、山东、内
　　蒙古、新疆
—2013 年 8 个：山西、陕
　　西、西藏、湖南、湖北、
　　四川、吉林（2）
—2014 年 8 个：安徽、宁
　　夏、广东、西藏、内蒙古、
　　黑龙江、江西、青海

——《携手共创更好未来——现代汽车集团（中国）社会责任报告 2014》P74

示例：

中国移动爱"心"行动自 2011 年开展至今，累计为内蒙古、辽宁、河南、山西、青海的 23840 名贫困儿童提供了免费的先天性心脏病筛查，并救治了其中确诊的 2260 名贫困先天性心脏病患儿。

——《中国移动通信集团公司可持续发展报告 2014》P33

核心指标　**P1.45 企业员工志愿者服务绩效**

指标解读： 本指标主要描述企业员工志愿者参与志愿服务人次/时长/活动次数。

示例：

"起亚家园"大型公益项目从 2009 年进入中国，至今已经连续举办 5 年。起亚汽车和东风悦达起亚已在四川灾区、广东、浙江、江苏等地开展了 11 期活动，援建房屋 140 余座，参与活动的中韩志愿者人数达到 1500 余名。援建内容包括对困难家庭进行房屋改造重建以及饮用水管道治理。

——《携手共创更好未来——现代汽车集团（中国）社会责任报告 2014》P75

核心指标　**P1.46 媒体报道**

指标解读： 本指标主要指企业公益项目受到的外部媒体报道。

示例：

——《中国三星社会公益活动白皮书 2013~2014》P86

核心指标 P1.47 利益相关方评价

指标解读：本指标主要指利益相关方对公益项目的评价。

示例：

"影像不仅可以记录下孩子们成长的美好瞬间，对孩子的思维启蒙及社会化发展，也具有十分积极的作用，我们希望与佳能继续在影像支持教育的道路上共同探索，开拓孩子们的视野，让孩子们进一步了解这个丰富多彩的世界。"

——北京市三里屯小学校长朱勇哲

——《佳能（中国）企业社会责任报告 2014~2015》P66

核心指标 P1.48 项目评估报告与独立财务审计报告

指标解读：本指标主要指邀请第三方机构针对项目执行效果出具的项目评估报告与独立财务审计报告。

示例：

为了科学测量项目效果，了解项目对利益相关方的影响，安利公益基金会邀请北京大学青少年卫生研究所从学生生长发育情况、患病情况、智力水平等方面对项目学校学生健康营养改善情况进行调研评估，同时邀请第三方机构从设备运转率、使用率、处方管理水平等方面对春苗营养厨房的运营情况进行评估。2013 年 9 月，安利公益基金会在长沙召开了春苗营养计划阶段性成果发布会，公布了春苗营养计划的评估结果。结果显示，厨房设备正常运转率为 97.36%，各方满意度达 96%；根据北京大学青少年卫生研究所的研究，项目学校学生在体质、营养状况、健康状况、智力发育水平方面均有显著提升，其中学生智力水平"优秀"和"良好"的比例为 **50.8%**，超过对比组 **9** 个百分点。

——《安利（中国）企业社会责任报告 2013》P23

（二）公益沟通（P2）

核心指标　 P2.1 CSR（企业社会责任）报告中披露公益信息

指标解读：本指标主要是指在 CSR 报告中对企业公益信息进行披露。

核心指标　 P2.2 官网披露公益信息

指标解读：本指标主要指在官方网站披露企业公益信息。

示例：

——现代汽车官网

扩展指标　P2.3 自媒体沟通平台

指标解读：本指标主要描述企业打造的自媒体沟通平台。

示例：

华润慈善基金会开通了官方微信公众号及腾讯、新浪微博账号，向公众推送项目信息，进一步提升了华润慈善基金的公开透明度，同时扩大了华润慈善基金与华润希望小镇的影响力。

——《华润（集团）有限公司社会责任报告 2013》P119

扩展指标　P2.4 利益相关方参访交流

指标解读：本指标主要描述利益相关方对企业公益活动或者项目的参访与交流。

示例：

2015 年 8 月 5 日，由中国社科院企业社会责任研究中心组织的"分享责任中国行"继"石化行"、"公益行"、"阿里行"之后，"现代公益行"走进正蓝旗宝绍岱诺尔。由神华集团、中国节能、国开投、中设集团、浦项（中国）、中国网、车天下等企业、研究机构和媒体代表组成的调研团来到了现代汽车集团位于内蒙古的盐碱干湖盆沙化治理项目进行调研。

——现代汽车官网

扩展指标　P2.5 公益领域交流或者展示活动

指标解读：本指标主要描述企业公益活动参与公益领域的交流和展示。

扩展指标　P2.6 企业内刊公益信息披露与交流

指标解读：本指标主要描述企业通过内刊进行公益信息披露和

交流。

扩展指标　P2.7 志愿者交流平台

指标解读：本指标主要描述企业内部为志愿者搭建信息交流平台。

示例：

阿里巴巴为阿里人搭建完善的公益参与平台、丰富的参与方式与激励机制，以及独特的公益创业平台，为员工提供实现社会价值的广阔平台。

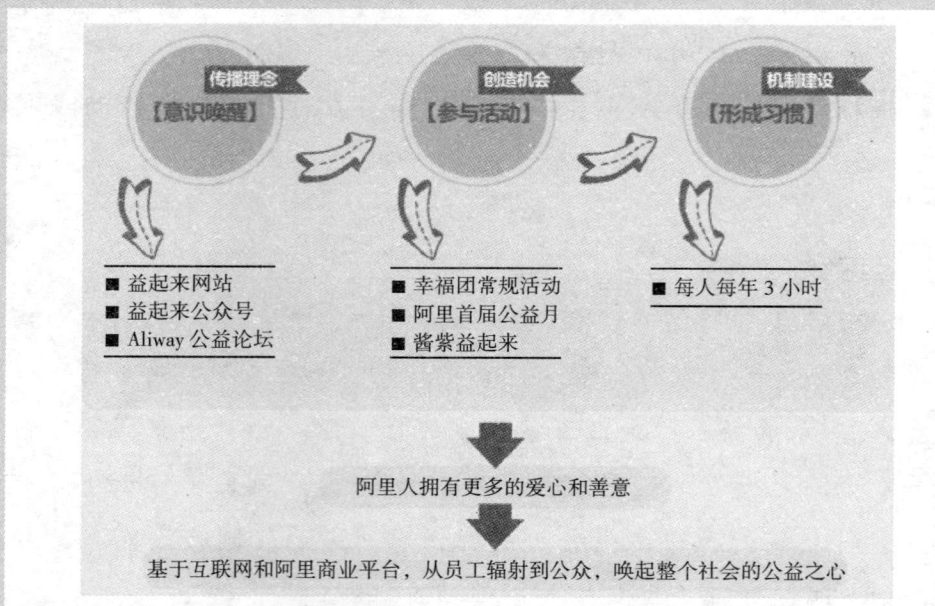

——《阿里巴巴集团社会责任报告 2014》P51

（三）公益资源整合（P3）

企业的合作伙伴主要有债权人、上游供应商、下游分销商、同业竞争者及其他社会团体。伙伴责任主要包括企业在价值链管理、责任采购和合规管理三个方面的理念、制度、措施、绩效及典型案例。

扩展指标　P3.1 供应链与合作伙伴参与

指标解读：本指标主要描述企业公益活动或者项目带动了供应链与合作伙伴的参与。

扩展指标　P3.2 受助地区政府参与

指标解读：本指标主要描述企业公益活动中受助地区政府的参与和支持。

示例：

位于内蒙古锡林郭勒盟正蓝旗的宝绍岱诺尔是现代汽车集团开展的第二期盐碱干湖盆治理项目。2014 年 4 月，现代汽车集团、内蒙古正蓝旗政府及韩国生态和平亚洲环保组织签订了第二期项目备忘录，对盐碱干湖盆治理项目进行 5 年期治理（从 2014 年开始至 2018 年结束）。项目完成后，治理成果交由正蓝旗人民政府管护至少 10 年。

——《携手共创更好未来——现代汽车集团（中国）社会责任报告 2014》P69

扩展指标　P3.3 与专业 NGO 合作

指标解读：本指标主要描述企业公益活动引入专业 NGO 的参与和合作，以提升公益的专业化与规范化。

示例：

2004 年，中国三星携手西部阳光发展基金会共同开展"三星——西部阳光行动"大学生西部志愿者服务活动。旨在改善中西部贫困地区落后的教学环境，为大学生提供社会实践平台。

——《中国三星社会公益活动白皮书 2013~2014》P24

四、公益影响（E 系列）

公益影响主要描述企业的公益活动或者项目产生的社会影响，主要包括年度公益大事记、年度公益领域奖项、媒体报道以及利益相关方评价四个方面。

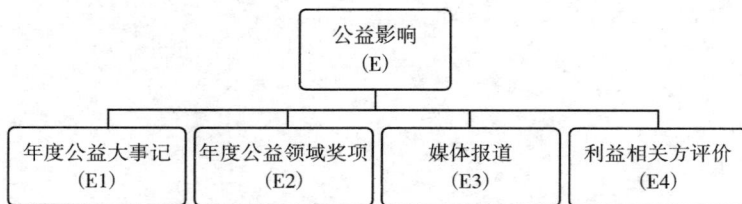

```
                      ┌──────────┐
                      │ 公益影响 │
                      │  (E)     │
                      └────┬─────┘
        ┌────────────┬─────┴──────┬────────────┐
  ┌───────────┐ ┌───────────┐ ┌─────────┐ ┌────────────┐
  │年度公益大事记│ │年度公益领域奖项│ │ 媒体报道 │ │利益相关方评价│
  │   (E1)    │ │   (E2)    │ │  (E3)   │ │   (E4)    │
  └───────────┘ └───────────┘ └─────────┘ └────────────┘
```

图 3-5 公益影响包括的二级板块

（一）年度公益大事记（E1）

核心指标

指标解读：本指标主要描述企业公益年度大事索引。

示例：

加多宝公益大事索引

● 2001 年，加多宝出资 5.3 万元帮助 13 名温州贫困高考生圆梦大学，自此一直坚持投资教育事业。截至 2012 年，加多宝累计资助了全国 8075 名学子。

● 2008 年，加多宝向汶川地震受灾同胞捐赠 1 亿元。

● 2009 年，加多宝资助了 25 个阳光操场的建设，改善了

25 所小学操场状况，直接受益 10000 余人。

......

● 2011 年 10 月，加多宝援助 200 万元，加入"筑巢行动"，帮助贫困、偏远地区学校搭建宿舍楼，推动农村寄宿制学校的有力发展。

● 2012 年，云南彝良与贵州威宁发生地震后，加多宝率先捐赠500 万元，其中包括 400 万元资金用于采购单人床、温暖包、粮油等地震灾区灾民的急需物资，以及价值 100 万元的加多宝凉茶和昆仑山天然雪山矿泉水。

——《加多宝公益白皮书 2014》P34

（二）年度公益领域奖项（E2）

核心指标

指标解读：本指标主要描述企业本年度内在公益领域获得的奖项。

（三）媒体报道（E3）

扩展指标　　E3.1 电视媒体报道

指标解读：本指标主要指企业公益活动获得电视媒体报道的情况。

扩展指标　　E3.2 报刊报道

指标解读：本指标主要指企业公益活动得到纸质媒体报道的情况。

扩展指标　　E3.3 网络媒体报道

指标解读：本指标主要指企业公益活动获得网络媒体报道的情况。

示例：

2013媒体聚集

——《梦想与希望同在——LG 化学（中国）社会公益 2013》P11

扩展指标　E3.4 新媒体报道

指标解读：本指标主要指企业公益活动获得新媒体报道的情况。

示例：

分享责任中国行——现代汽车：用脚步体验 CSR　用行动期待改变（1/2）

2015-08-11　责任云 CSRCloud

"用脚步体验 CSR，分享优秀企业的先进实践。"2015 年 8 月 5 日，由中国社科院企业社会责任研究中心组织的"分享责任中国行"继"石化行"、"公益行"、"阿里行"之后，"现代公益行"走进正蓝旗宝绍岱诺尔。由神华集团、中国节能、国开投、中设集团、浦项（中国）、中国网、车天下等企业、研究机构和媒体代表组成的调研团来到了现代汽车集团位于内蒙古的盐碱干湖盆沙化治理项目进行调研，经历了近8小时车程，我们抵达"现代汽车生态园"志愿者基地。

——责任云 CSR Cloud

扩展指标　E3.5 其他媒体报道

指标解读：本指标主要指企业公益活动获得其他媒体报道的情况。

（四）利益相关方评价（E4）

扩展指标　E4.1 商业伙伴评价

指标解读：本指标主要描述商业伙伴对企业公益活动的评价。

扩展指标　E4.2 当地政府评价

指标解读：本指标主要描述受助地政府对企业公益活动的评价。

核心指标　E4.3 受助方评价

指标解读：本指标主要描述受助方对企业或其开展的公益活动的评价。

示例：

以前下雨天出去一趟摩托车都是脏脏的，现在水泥路从镇上一直能通到家门口，整个村子环境也变得很好，我常常觉得自己住的村子像城市里的高档小区。

——张德铭　古田华润希望小镇村民
——《华润（集团）有限公司社会责任报告 2014》P37

扩展指标　　E4.4 合作 NGO 评价

指标解读：本指标主要描述合作的 NGO 对企业公益的评价。

> **示例：**
>
> "加多宝 12 年的坚持助学，不仅是从经济上帮助贫困学生，给他们圆梦的机会，更是通过自身的行动示范，带动形成社会化、常态化的助学机制。12 年来'加多宝·学子情'一直走在公益助学的最前沿，但公益助学任重道远，我们呼吁社会各界爱心人士积极响应'人人公益、全民助学'倡议，也期待更多爱心人士参与公益助学，向贫困学子们伸出援助之手！"
>
> ——中国青少年发展基金会秘书长涂猛
> ——《加多宝公益白皮书 2013》P76

扩展指标　　E4.5 第三方机构评价

指标解读：本指标主要描述第三方机构对企业公益活动的评价。

扩展指标　　E4.6 其他群体评价

指标解读：本指标主要描述其他利益相关方对企业公益活动的评价。

> **示例：**
>
> "先天性心脏病是先天性疾病中最为严重的一种，我国先心病发病率非常高，在政府力所不能及的'盲区'，中国移动慈善基金会扮演了政府帮手的角色，贫困先心病儿童救助计划不仅减轻了老百姓的负担，给他们的生活带来了希望，也为我国减少犯罪率和弃婴率提供了保障，为和谐社会做出了巨大贡献。"
>
> ——国家互联网信息办公室网络新闻信息传播局调研处处长程义峰
> ——《中国移动通信集团公司可持续发展报告 2014》P33

五、报告后记（A 系列）

报告后记部分主要包括未来计划、报告评价、参考索引、读者意见反馈四个方面。

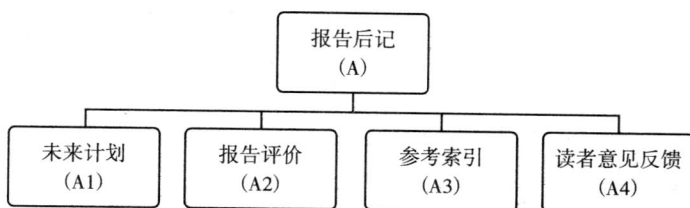

图 3-6　报告后记包括的二级板块

（一）未来计划（A1）

本部分主要描述企业对公益发展三个方面（公益管理、公益实践、公益影响）的展望与规划。

示例：

　　对于党中央提出构建社会主义和谐社会的目标，集团董事长娄永良认为：“只有各阶层能走上共同富裕的发展道路，整个社会才可能步入可持续发展的良性轨道。”因此，在未来的道路上，中天人将继续为推动慈善公益事业做出不懈的努力。首先，通过不断的教育引导，让中天“人人可慈善”的慈善理念、慈善文化传播到中天的每一个角落，并逐步向社会、向大众传播。其次，以“中天爱心公益基金”为平台，形成以制度行善的良性机制，坚持公开、公正、透明，推动慈善事业的发展。最后，加强中天各级慈善组织的建设，不断提高慈善公信力和美誉度，做大做强中天慈善公益的品牌。

　　总之，慈善事业是改善民生、促进社会和谐的崇高事业，是彰显人性光辉、实现公平正义的阳光事业，社会需要我们的鼎力支持、热情参与和积极推动。慈善事业也肩负着更为重要的历史使命。中天集团将进一步动员全员的力量，为参与和推动和谐社会发挥更大的作用，中天的慈善事业也必将迎来更加美好的明天！

——《中天公益慈善绿皮书 2013》P79

（二）报告评价（A2）

　　公益领域专家、利益相关方或专业机构对报告的评价。报告评价主要有三种形式：

　　● 专家点评：即由公益领域专家对企业公益报告的科学性、可信性以及报告反映的公益信息进行点评；

　　● 利益相关方评价：即由企业的利益相关方（股东、客户、供应商、员工、合作伙伴等）对企业公益报告的科学性、可信性以及报告反映的公益信息进行评价；

　　● 报告审验：即由专业机构对企业公益报告进行审验。

（三）参考索引（A3）

　　本部分主要描述企业对本报告编写参考指南的应用情况，即是否对本报告编写参考指南要求披露的各条信息进行披露。

（四）读者意见反馈（A4）

本部分主要内容为读者意见调查表，以及读者意见反馈的渠道。

示例：

本报告是中国三星向社会公开发布的第九份社会公益活动白皮书。为了持续改进公司社会责任管理工作，不断提高履行社会责任的能力和水平，我们非常希望倾听您的意见和建议。恳请您协助完成反馈意见表中提出的相关问题，并选择以下方式反馈给我们。

电话：+86-10-65668100

地址：北京市朝阳区建国路 118 号招商局大厦 24 层

1. 您对中国三星社会公益活动白皮书的总体评价是：

☐ 好　　　☐ 较好　　　☐ 一般

2. 您认为本报告是否能反映中国三星对经济、社会和环境的重大影响？

☐ 能　　　☐ 一般　　　☐ 不了解

3. 您认为本报告所披露信息、数据、指标的清晰、准确、完整度如何？

☐ 高　　　☐ 较高　　　☐ 一般　　　☐ 较低
☐ 低

4. 您认为中国三星在服务用户方面做得如何？

☐ 好　　　☐ 较好　　　☐ 一般　　　☐ 差
☐ 不了解

5. 您对中国三星的社会责任工作和本报告的意见和建议，欢迎再次提出：

——《中国三星社会公益活动白皮书 2013~2014》

第四章　指标速查

一、核心指标表（43个）

指标名称	定性指标（●） 定量指标（⊕）	核心指标（★） 扩展指标（☆）
第一部分：报告前言（P系列）		
（P1）报告规范		
P1.2 报告信息说明	●	★
P1.3 报告边界	●	★
P1.4 报告体系	●	★
P1.5 联系方式	●	★
（P2）报告流程		
P2.1 报告编写流程	●	★
（P3）领导致辞		
P3.1 企业公益的机遇和挑战	●	★
P3.2 年度企业公益成绩与不足的总结	●	★
（P4）企业简介		
P4.1 企业名称、所有权性质及总部所在地	●	★
P4.2 企业主要品牌、产品及服务	●	★
第二部分：公益管理（M系列）		
（M1）公益战略规划		
M1.1 企业公益理念、愿景、价值观	●	★
M1.2 企业高层的支持或者实践	●	★

续表

指标名称	定性指标（●）	核心指标（★）
	定量指标（⊕）	扩展指标（☆）
M1.4 企业公益年度计划	●/⊕	★
（M2） 公益组织化运行		
M2.1 企业公益组织体系	●	★
M2.11 明确或建立企业公益的责任部门	⊕	★
M2.12 企业公益部门的人员配置情况及职责分工	●	★
M2.3 企业员工志愿者协会/服务队	●/⊕	★
（M3） 公益制度		
M3.1 公益捐赠管理制度	●	★
M3.2 公益项目管理制度	●	★
M3.4 公益财务管理制度	●	★
M3.5 志愿者管理制度	●	★
M3.7 公益项目监测与评估制度	●/⊕	★
（M5） 公益能力培育与文化建设		
M5.1 公益专兼职人员定期培训	●/⊕	★
M5.2 员工志愿者培训	●/⊕	★
第三部分：公益实践（P 系列）		
（P1） 公益投入/产出		
P1.1 企业公益的主要领域	●	★
P1.3 年度公益投入情况	⊕	★
P1.31 年度公益投入资金流向	⊕	★
P1.4 主要公益项目	●/⊕	★
P1.41 项目实施地区	●●/⊕	★
P1.42 项目资金投入总额	⊕	★
P1.43 项目信息公开	●/⊕	★
P1.44 受益人群/地区	●/⊕	★
P1.45 企业员工志愿者服务绩效	⊕	★
P1.46 媒体报道	●/⊕	★
P1.47 利益相关方评价	●/⊕	★
P1.48 项目评估报告与独立财务审计报告	●/⊕	★
（P2） 公益沟通		
P2.1 CSR 报告中披露公益信息	●	★
P2.2 官网披露公益信息	●	★
第四部分：公益影响（E 系列）		
（E1） 年度公益大事记	●/⊕	★
（E2） 年度公益领域奖项	●/⊕	★
（E4） 利益相关方评价		

续表

指标名称	定性指标（●） 定量指标（⊕）	核心指标（★） 扩展指标（☆）
E4.3 受助方评价	●	★
第五部分：报告后记（A 系列）		
（A1）未来计划：企业对公益发展的规划	●/⊕	★
（A3）参考索引：对本指南要求披露指标的采用情况	●	★
（A4）读者意见反馈：读者意见调查表及读者意见反馈渠道	●	★

二、通用指标表（80 个）

指标名称	定性指标（●） 定量指标（⊕）	核心指标（★） 扩展指标（☆）
第一部分：报告前言（P 系列）		
（P1）报告规范		
P1.1 报告质量保证程序	●	☆
P1.2 报告信息说明	●	★
P1.3 报告边界	●	★
P1.4 报告体系	●	★
P1.5 联系方式	●	★
（P2）报告流程		
P2.1 报告编写流程	●	★
（P3）领导致辞		
P3.1 企业公益的机遇和挑战	●	★
P3.2 年度企业公益成绩与不足的总结	●	★
（P4）企业简介		
P4.1 企业名称、所有权性质及总部所在地	●	★
P4.2 企业主要品牌、产品及服务	●	★
P4.3 列举企业在公益领域协会、国家组织或国际组织中的会员资格或其他身份	●	☆
第二部分：公益管理（M 系列）		
（M1）公益战略规划		
M1.1 企业公益理念、愿景、价值观	●	★
M1.2 企业高层的支持或者实践	●	★

指标名称	定性指标（●） 定量指标（⊕）	核心指标（★） 扩展指标（☆）
M1.3 公益中长期规划	●/⊕	☆
M1.4 企业公益年度计划	●/⊕	★
（M2） 公益组织化运行		
M2.1 企业公益组织体系	●	★
M2.11 明确或建立企业公益的责任部门	⊕	★
M2.12 企业公益部门的人员配置情况及职责分工	●	★
M2.2 企业公益基金/基金会	●	☆
M2.21 企业公益基金/基金会组织体系	●	☆
M2.22 企业公益基金/基金会的人员配置情况及职责分工	⊕	☆
M2.3 企业员工志愿者协会/服务队	●/⊕	★
（M3） 公益制度		
M3.1 公益捐赠管理制度	●	★
M3.2 公益项目管理制度	●	★
M3.3 基金会劳动人事薪酬管理制度	●	☆
M3.4 公益财务管理制度	●	★
M3.5 志愿者管理制度	●	★
M3.6 NGO 合作管理制度	●	☆
M3.7 公益项目监测与评估制度	●/⊕	★
（M4） 可持续公益		
M4.1 可持续公益战略规划	●	☆
M4.2 可持续公益措施	●/⊕	☆
M4.3 可持续公益成果	●/⊕	☆
（M5） 公益能力培育与文化建设		
M5.1 公益专兼职人员定期培训	●/⊕	★
M5.2 员工志愿者培训	●/⊕	★
M5.3 开展公益领域课题研究	●/⊕	☆
M5.4 参与公益领域研究和交流	●/⊕	☆
M5.5 开展公益先进事迹评选	●/⊕	☆
M5.6 拍摄公益广告或宣传片	●/⊕	☆
M5.7 企业文化建设中植入公益文化	●	☆
M5.8 设立公益活动日/周/月	●	☆
第三部分：公益实践（P 系列）		
（P1） 公益投入/产出		
P1.1 企业公益的主要领域	●	★
P1.2 海外公益	●	☆
P1.3 年度公益投入情况	⊕	★

续表

指标名称	定性指标（●） 定量指标（⊕）	核心指标（★） 扩展指标（☆）
P1.31 年度公益投入资金流向	⊕	★
P1.4 主要公益项目	●/⊕	★
P1.41 项目实施地区	●/⊕	★
P1.42 项目资金投入总额	⊕	★
P1.43 项目信息公开	●/⊕	★
P1.44 受益人群/地区	●/⊕	★
P1.45 企业员工志愿者服务绩效	⊕	★
P1.46 媒体报道	●/⊕	★
P1.47 利益相关方评价	●/⊕	★
P1.48 项目评估报告与独立财务审计报告	●/⊕	★
（P2）公益沟通		
P2.1 CSR 报告中披露公益信息	●	★
P2.2 官网披露公益信息	●	★
P2.3 自媒体沟通平台	●	☆
P2.4 利益相关方参访交流	●/⊕	☆
P2.5 公益领域交流或者展示活动	●/⊕	☆
P2.6 企业内刊公益信息披露与交流	●	☆
P2.7 志愿者交流平台	●	☆
（P3）公益资源整合		
P3.1 供应链与合作伙伴参与	●	☆
P3.2 受助地区政府参与	●	☆
P3.3 与专业 NGO 合作	●	☆
第四部分：公益影响（E 系列）		
（E1）年度公益大事记	●/⊕	★
（E2）年度公益领域奖项	●/⊕	★
（E3）媒体报道		
E3.1 电视媒体报道	●/⊕	☆
E3.2 报刊报道	●/⊕	☆
E3.3 网络媒体报道	●/⊕	☆
E3.4 新媒体报道	●/⊕	☆
E3.5 其他媒体机构报道	●/⊕	☆
（E4）利益相关方评价		
E4.1 商业伙伴评价	●	☆
E4.2 当地政府评价	●	☆
E4.3 受助方评价	●	★
E4.4 合作 NGO 评价	●	☆
E4.5 第三方机构评价	●	☆

指标名称	定性指标（●） 定量指标（⊕）	核心指标（★） 扩展指标（☆）
E4.6 其他群体评价	●	☆
第五部分：报告后记（A 系列）		
（A1）未来计划：企业对公益发展的规划	●/⊕	★
（A2）报告评价：公益领域专家、利益相关方或专业机构对报告的评价	●	☆
（A3）参考索引：对本指南要求披露指标的采用情况	●	★
（A4）读者意见反馈：读者意见调查表及读者意见反馈渠道	●	★

管理篇

第五章　报告全生命周期管理

企业公益报告全生命周期管理是指企业在公益报告编写和使用的全过程中对报告进行全方位的价值管理，充分发挥报告在利益相关方沟通、扩大企业公益影响方面的作用，将报告作为提升公司公益管理水平的有效工具。公益报告全生命周期管理涉及组织、参与、启动、撰写、发布和反馈六个过程要素：

组织：建立公益报告编写的组织体系并监控报告编写过程；

参与：利益相关方参与报告编写全过程；

启动：召开公益报告编写培训会暨启动会；

撰写：搜集素材并撰写报告内容；

发布：确定发布形式和报告使用方式；

反馈：总结报告编写过程，向利益相关方进行反馈，并向企业内部部门进行反馈。

其中，组织和参与是企业公益报告编写的保证，贯穿报告编写的全部流程。启动、撰写、发布和反馈构成一个闭环的流程体系，通过持续改进报告编制流程提升报告质量和企业公益管理水平。

一、组　织

（一）建立工作组的原则

建立科学有效的公益报告工作组是报告编写的保障。建立工作组遵循以下原则。

关键领导参与：关键领导参与可以将公益报告与公司发展战略进行更好的融合，同时保障公益报告编写计划顺利执行；

外部专家参与：外部专家参与可以提供独立的视角，保障报告的科学性和规范性，将外部专业性和内部专业性进行有效的结合；

核心工作团队稳定：稳定的工作团队有助于工作的连续性；

核心工作团队紧密联系：核心工作团队可通过定期会议等形式保持紧密联系。

（二）工作组成员组成

公益报告工作组成员分为核心团队和协作团队两个层次。其中，核心团队的主要工作是制定报告编写计划、进行报告编写；协作团队的主要工作是为核心团队提供报告编写素材和建议。工作组具体成员构成如图 5-1 所示。

（三）工作组成员分工与职责

企业公益报告工作组成员构成既包括外部专家也包括内部职能部门，既包括高层领导也包括下属企业。在报告编写的前期、中期和后期，各成员分工和职责如图 5-2 所示。

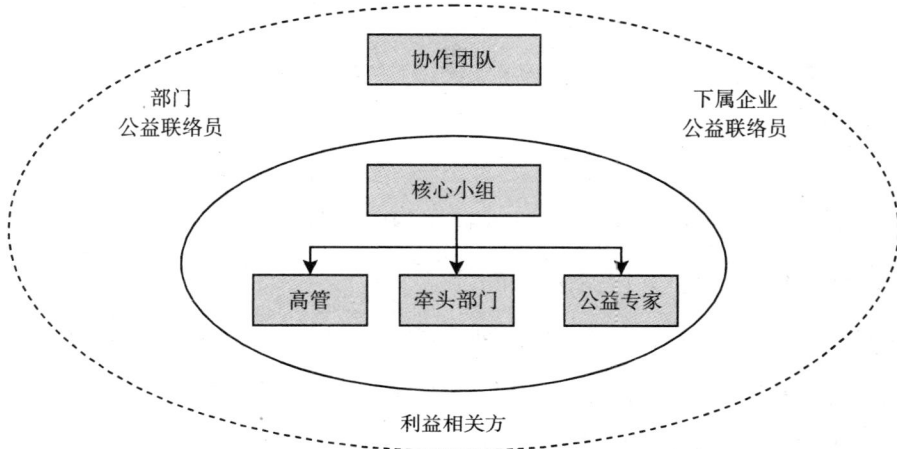

图 5-1 企业公益报告编写工作组构成

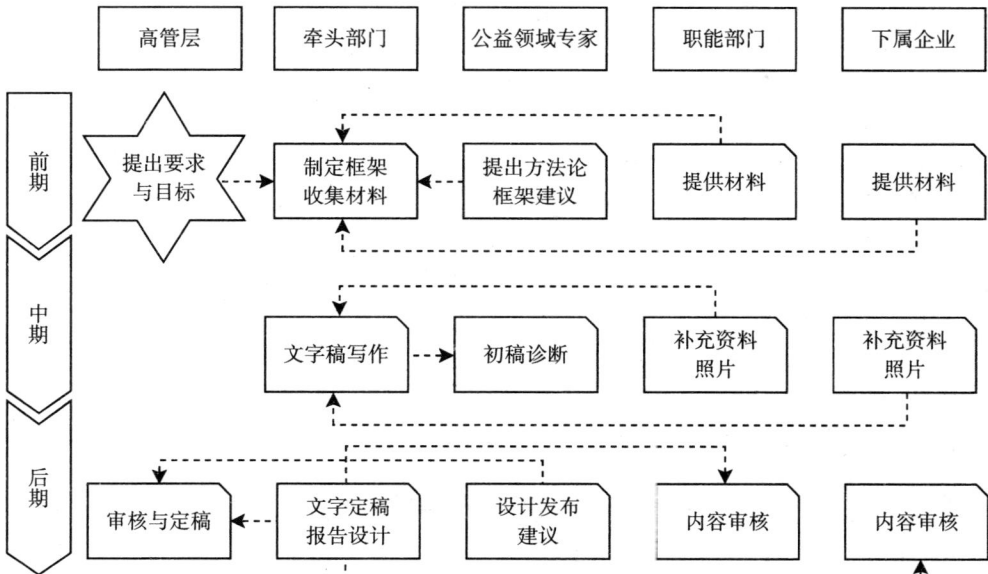

图 5-2 工作组成员分工与职责

二、参　与

企业在编写公益报告的过程中应积极邀请内外部利益相关方参与。参与过程涉及以下三个方面：

参与目的：明确企业邀请利益相关方参与要实现的价值，如了解期望、建立关系、借鉴其知识体系等；

参与者：明确邀请哪类相关方参与以及邀请的具体人员是谁；

参与范围：明确相关方的参与时间和程度。

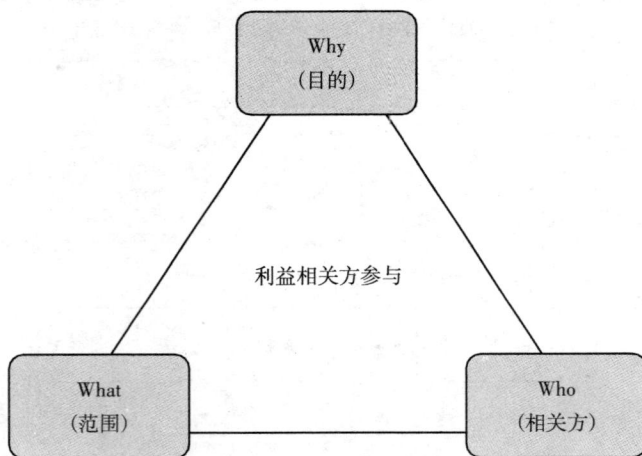

图 5-3　利益相关方参与报告编写的三要素

（一）利益相关方参与报告编写的价值

在报告编写过程积极邀请外部利益相关方参与具有以下作用：

● 通过参与了解利益相关方期望，在公益报告中做出针对性回应；

● 通过参与建立一种透明的关系，进而建立双方的信任基础；

● 汇聚利益相关方的资源优势（知识、人力和技术），解决企业在编写公益报告过程中遇到的问题；

● 通过参与过程学习利益相关方的知识和技能，进而提升企业的组织技能；

● 通过在报告编写过程中的坦诚、透明的沟通，影响利益相关方的观点和决策。

（二）识别利益相关方

利益相关方是指受企业公益活动影响或可以影响企业公益活动的组织及个人。企业的利益相关方通常包括政府、投资者、员工、社区、NGO、受助者、客户、工会、媒体等。

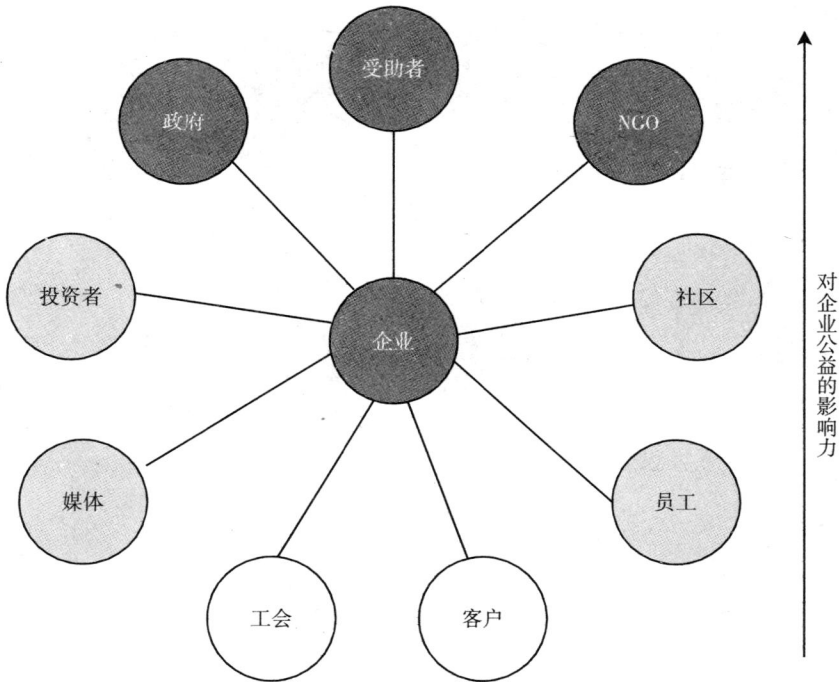

图 5-4 企业利益相关方类型

由于企业利益相关方较多，企业在选择参与对象时须按照利益相关方对企业公益的影响力和利益相关方对企业公益的关注程度进行关键利益相关方识别，如图 5-5 所示。

● 对企业公益具有"高影响高关注"、"中影响高关注"、"高影响中关注"和"中影响中关注"的利益相关方，企业在编写公益报告过程中应积极邀请其参与；

● 对企业公益具有"高影响低关注"的利益相关方，企业在编写公益报告过程中应争取让其参与；

● 对企业公益具有"低影响高关注"的利益相关方，企业在编写公益报告过程中应尽量让其参与；

● 对其他利益相关方，企业在公益报告编写完成后应履行告知义务。

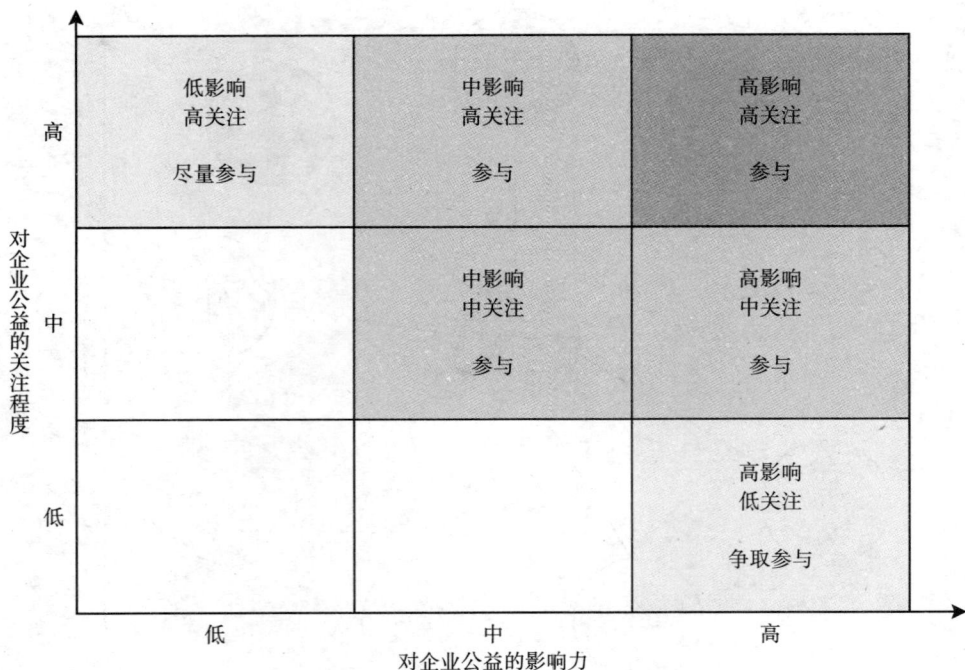

图 5-5 利益相关方筛选原则

（三）确定参与形式

在确定利益相关方参与人员后，应确定不同利益相关方的参与形式。按照参与程度划分，利益相关方参与公益报告编写主要有三种形式，即告知、咨询与合作，如表 5-1 所示。

表 5-1　利益相关方参与的形式和价值

	性质	形式	价值
告知	被动	1. 邮件 2. 通信 3. 简报 4. 发布会	将报告编写过程和结果第一时间告诉利益相关方，与相关方建立透明的关系
咨询	积极	1. 问卷调查 2. 意见征求会 3. 专题小组 4. 研讨会 5. 论坛	针对性回应利益相关方的期望，倾听相关方意见，与相关方建立信任关系
合作	积极	1. 联合成立工作组 2. 组成虚拟工作组	与利益相关方紧密合作，与相关方建立伙伴关系

三、启　动

（一）召开公益报告培训会

召开公益报告培训会的目的是通过培训会确保公司全体人员对公益报告的重要性、编写工作流程形成统一的认识。在组织报告编写培训会时应注意考虑以下因素：

● 培训会对象：企业公益负责人；

● 培训会讲师：外部专家和内部专家相结合；

● 培训课件：公益发展趋势和本企业公益战略规划相结合。

（二）对公益报告编写任务进行分工

在培训启动会上，公益报告编写组织部门应对报告编写任务进行分工，明确报告参与人员的工作要求和完成时间。

四、撰　写

充足、有针对性的素材是报告质量的保证。企业在收集报告编写素材时可采用但不限于以下方法：

- 下发部门资料收集清单；
- 对高层管理者、利益相关方进行访谈；
- 对下属企业进行调研；
- 深入公益项目实施现场进行调研；
- 对企业存量资料进行案头分析。

五、发　布

（一）确定报告形式

随着技术发展和公众阅读习惯的改变，企业公益报告的形式也应与时俱进。目前，企业公益报告的形式主要有以下几种：

- 可下载的 PDF 格式；

● 互动性网上版本；

● 印刷品出版物；

● 印刷简本；

● 网页版；

● 视频版；

● APP 版本。

不同的报告形式具有不同的优缺点和针对性，企业应根据以下因素建立最佳报告形式的组合策略：

● 利益相关方的群体性；

● 不同利益相关方群体的关注领域；

● 不同利益相关方群体的阅读习惯；

● 人们阅读和沟通的发展趋势和技术发展趋势。

（二）确定报告读者对象

公益报告的目标读者通常包括政府、投资机构、受助者、NGO、媒体、员工和一般公众等。企业应根据自身情况确定目标读者对象。

（三）确定发布形式

不同的发布形式具有不同的传播效果。通常，公益报告的发布形式主要有专项发布会、嵌入式发布会、网上发布、直接递送和邮件推送等，如表 5-2 所示。

表 5-2　报告发布类型

类型	含义
专项发布会	为公益报告举办专项发布会
嵌入式发布会	在其他活动中嵌入公益报告发布环节
网上发布	将公益报告放在网上并发布公司新闻稿
直接递送	将公益报告印刷版直接递送给利益相关方
邮件推送	将企业公益报告电子版或网站链接通过邮件推送给利益相关方

六、反　馈

　　在公益报告发布后，企业应总结本次报告编写过程并向外部利益相关方和内部相关部门进行反馈。反馈的主要形式包括但不限于会议、邮件、通信等。反馈的内容主要是本次报告对内外部利益相关方期望的回应以及企业公益未来行动计划。

第六章　报告质量标准

一、过程性

（一）定义

过程性即公益报告全生命周期管理，是指企业在公益报告编写和使用的全过程中对报告进行全方位的价值管理，充分发挥报告在利益相关方沟通、扩大企业公益影响方面的作用，将报告作为提升企业公益管理和实践水平的有效工具。

（二）解读

过程性涉及公益报告全生命周期管理中的组织、参与、启动、撰写、发布和反馈六个过程要素。其中，组织和参与是公益报告编写的保证，贯穿报告编写的全部流程。启动、撰写、发布和反馈构成一个闭环的流程体系，通过持续改进报告编制流程提升报告质量和企业公益管理水平。

（三）评估方式

编制报告过程中是否执行了报告管理全过程的规定性工作。

二、实质性

（一）定义

实质性是研究企业公益报告披露公益信息是否"到位"，考察公益报告"是否覆盖了关键的公益领域，是否与企业所属行业相结合，以及是否覆盖了受其重大影响的关键利益相关方"。利益相关方和企业管理者可根据实质性信息做出充分判断和决策，并采取可以影响公益管理和实践的行动。

（二）解读

企业公益报告披露内容的实质性由企业所属行业、社会环境和企业的关键利益相关方等决定。

（三）评估方式

内部视角：报告内容与企业公益战略的契合度；
外部视角：报告内容是否回应了利益相关方的关注点。

三、完整性

（一）定义

完整性是指公益报告所涉及的内容较全面地反映企业对社会的重大影响，利益相关方可以根据企业公益报告知晓企业在报告期间实施公益活动的理念、制度、措施以及影响。

（二）解读

完整性是对企业公益报告的内容进行考察，即是否包含了实施公益活动的理念、制度、措施及影响。

（三）评估方式

● 标准分析：是否满足了《企业公益报告编写指南 3.0》等标准的披露要求；

● 内部运营重点：是否与企业公益战略相吻合；

● 外部相关方关注点：是否回应了利益相关方的期望。

四、平衡性

（一）定义

平衡性是指企业公益报告应中肯、客观地披露企业在报告期内公益方面的正面信息和负面信息，以确保利益相关方可以对企业的公益实施效果进行正确的评价。平衡性研究企业公益报告披露公益信息的"对称性"，要求企业公益报告不仅要注重对于正面公益信息的披露，更应该披露企业在报告期内发生的负面公益信息以及企业应对负面公益事件的制度、措施和取得的绩效。

（二）解读

平衡性要求是为了避免企业在编写报告的过程中对企业的社会消极影响或损害的故意性遗漏，影响利益相关方对企业公益实践与影响的判断。

（三）评估方式

考察企业在公益报告中是否披露了实质性的负面信息。如果企业社会报告未披露任何负面信息，或者社会已知晓的重大负面信息在公益报告中未进行披露和回应，则违背了平衡性原则。

五、可比性

（一）定义

可比性是指报告对信息的披露应有助于利益相关方对企业的公益表现进行分析和比较，它研究企业公益报告披露的公益信息可比较程度，有利于企业利益相关方更好地把握企业的公益效果和影响。

（二）解读

可比性体现在两个方面：纵向可比与横向可比。纵向可比性是同一指标的历史可比性；横向可比性是同一指标的企业之间的可比程度和企业同行业平均水平的可比程度。企业在披露相关公益项目的影响程度时既要披露公益项目的历史效果和影响，又要披露同类公益项目的效果和影响。

（三）评估方式

考察企业是否披露了连续数年的历史数据和同类公益项目数据。

六、可读性

(一) 定义

可读性指报告的信息披露方式易于读者理解和接受，可读性强的公益报告在结构、条理、语言、表达形式以及设计等方面更便于读者接受。

(二) 解读

企业公益报告的可读性可体现在以下方面：
- 结构清晰，条理清楚；
- 语言流畅、简洁、通俗易懂；
- 通过流程图、数据表、图片等使表达形式更加直观；
- 方便阅读的排版设计。

(三) 评估方式

从报告篇章结构、排版设计、语言、图表等各个方面对报告的通俗易懂性进行评价。

七、创新性

（一）定义

创新性是指企业公益报告在内容或形式上具有重大创新，即报告在内容和形式方面与以往报告相比是否更有新意，创新性为企业持续推动公益报告质量的提高提出了新的、更高的要求。

（二）解读

公益报告的创新性主要体现在两个方面：报告内容的创新和报告形式的创新。创新不是目的，通过创新提高报告质量是根本。

（三）评估方式

将报告内容、形式与国内外已有公益报告以及企业往期公益报告进行对比，判断其有无创新，以及创新是否提高了报告质量。

案 例 篇

第七章　携手共创更好未来

——现代汽车集团社会贡献活动

一、现代汽车集团简介

现代汽车集团创立于 1967 年，而其诞生可以追溯到 1940 年的阿道服务修理厂，历时七十多年的发展，现代汽车集团已经成长为一个以汽车、钢铁、建设等核心业务部门为中心，开发多种多样的新能源汽车及新再生能源，并构筑起涵盖物流、金融、IT、服务等价值链的大型跨国企业。在半个多世纪的发展中，现代汽车集团始终秉承"通过创意思维与不断挑战，创造新的未来，实现人类社会的梦想"的经营哲学，以超前思维引领市场发展，通过相互间的有机合作，进行创意性融合，为实现人类社会的梦想开辟全新的道路。并且，我们追求"顾客至上、挑战进取、沟通与合作、尊重人才、追求全球化"的核心价值，通过核心价值的共享化以及渗透化，共同应对挑战，构筑尊重顾客和人才的创意性组织文化，为客户创造和提供与众不同的价值及文化体验，为人类不断进化的未来做准备，这便是现代汽车集团独有的竞争力和发展潜力。

目前，现代汽车集团在全球 10 个国家建设了 34 个工厂，在韩国、印度、日本、美国、德国、中国拥有 6 个研究中心，已经在 26 个国家有了 40 个销售法人。与其他全球领先的汽车公司相比，现代汽车历史虽短，却浓缩了汽车产业的发展史，它从建立工厂到能够独立自主开发车型仅仅用了 19 年（1967~1985 年），并成为韩国最大的汽车集团，跻身全球五大汽车厂商之一。

现代汽车集团于 20 世纪 90 年代初开始进入中国市场，在中国改革开放的机遇中成长、发展，为中国经济发展贡献力量。现代汽车（中国）投资有限公司成立于 2004 年 9 月 22 日，全面负责现代汽车集团中国业务，将全球市场管理经验和汽车技术引入中国市场，推动了中国汽车产业的进步，并开发出符合中国市场的车型。现代汽车集团一直坚持依法纳税，并积极创造就业机会，带动就业形式的发展。截至 2014 年，公司在华法人共聘用 37598 名员工，纳税总额达 315.9 亿元。目前，现代汽车集团在中国有包括现代汽车（中国）投资有限公司、北京现代汽车有限公司、东风悦达起亚汽车有限公司等在内的 57 家法人企业，在华投资总规模达到 570 亿元。现代汽车集团在中国的业务范围涵盖汽车、钢铁、建设、零部件等，并逐步形成完整的产业链条。同时，在中国市场构筑金融、物流、销售、广告、二手车等完整的服务体系，全面服务中国消费者。我们希望通过在中国开拓新业务领域并使集团的各领域互相协同，形成更加完整的汽车产业价值链。2014 年 1 月正式运营的四川现代汽车有限公司，将经营范围扩大为商用车、发动机及其配件的生产、销售、服务和研究开发。2015 年 4 月和 6 月，分别在河北沧州和重庆动工建设北京现代汽车公司第四、第五工厂，未来，随着沧州、重庆工厂相继开工，北京现代汽车的产能将达到 165 万辆。

现代汽车集团为创造新的发展动力，将更加系统地构建事业结构和中长期发展战略，加强品质经营与技术研发，扩大研发队伍建设，进一步加强低耗油和产品安全性能研发，增加对绿色环保汽车以及融合高端技术注入诸如智能汽车研发的投资幅度。现代汽车集团将继续研发适合中国消费者的产品，并制定完善的策略，确保以高质量的汽车产品实现持续性稳步增长，提高品牌影响力，并继续努力成为倡导先进汽车文化的企业。

未来，现代汽车集团将加大社会责任投入，通过开展更多更高层次的社会责任活动，与中国民众和中国社会一起携手共创更好未来！

二、公益管理

（一）公益战略规划

现代汽车集团的社会责任涵盖全世界，跨越语言和国境，以丰富多彩的形式践行现代汽车集团对社会公益事业的热忱和激情。

现代汽车集团（中国）相信，企业的发展和行业的进步是相辅相成的，现代汽车集团在中国不断追求自身发展的同时，也在不断地通过自身的努力，积极回馈中国社会，助力中国社会的和谐发展。

现代汽车集团积极参与环保、慈善、体育、教育和文化等各项公益事业和活动，积极有效地支援集团内的相关企业履行社会责任。为了更系统地践行企业社会责任，现代汽车集团在中国建立了由"Safe Move——共创安全社会"、"Green Move——共建绿色社会"、"Happy Move——共享幸福社会"三部分构成的社会贡献活动体系，重点关注 8 个领域，以环境、交通、未来的潜在客户、社会的弱势群体为对象，开展企业的公益实践，如表 7-1 所示。

表 7-1　公益活动主要业绩

分　类	2012 年	2013 年	2014 年
公益活动次数（次）	151	277	341
志愿者参与人数（人次）	6273	9158	11081
志愿者活动时长（小时）	12597	15366	17671
公益投入总额（万元）	2946	3587	9195

（二）公益组织化运行

Safe Move——共创安全社会。Safe Move 是现代汽车集团的全球性公益项目，面向社会普及交通安全文化。作为一家汽车制造厂商，现代汽车集团不仅大力开发车辆安全性技术，还关注交通安全，致力于普及交通安全知识、提高公众的交通安全意识。与灌输式的教导不同，现代汽车集团将安全知识融入人们喜欢的活动中，使用多样化的途径进行安全知识宣传。

Green Move——共建绿色社会。环境问题是现代汽车集团一直以来最为关注的问题，并且将绿色未来作为企业最大的责任之一。现代汽车集团于 2008 年启动了 Green Move 领域的重要项目——内蒙古盐碱干湖盆治理项目，其中包括盐碱干湖盆治理、保护碱蓬播种的防风固沙工程等，此项目在治理沙尘源、防治沙尘暴方面得到了社会各界的高度认可和好评。

Happy Move——共享幸福社会。Happy Move 是现代汽车集团在华的重点公益领域之一。致力于为地区社会做出贡献、培养未来的汽车人才、为受灾地区提供救援、为中国的文化体育事业提供支出。目前 Happy Move 旗下正在运行的项目有"起亚家园"志愿者活动、"梦想之屋"、"起亚健康加油站"、"雅科仕奖学金"、车教助学、希望小学等。

（三）公益项目运营

表 7-2　公益治沙业绩

分类	1 期事业业绩 （2008~2013 年）	2 期事业业绩 （2014~2018 年）
草地植被	5000 万平方米一年生碱蓬	4000 万平方米一年生碱蓬
直接投资	约 1361 万元（24.5 亿韩元）	约 1433 万元（25.8 亿韩元）
志愿者派遣	中国 1598 名，韩国 880 名	中国 1600 名，韩国 600 名

表 7-3　捐赠情况

捐赠地点	四川彭州		广东从化			浙江平湖			江苏盐城				广西阳朔	总计
志愿者人数（名）	112	223	91	135	160	120	160	214	160	100	160	89	66	1790
援建住宅（座）	10	50	13	17	10	4	4	5	4	5	8	4	3	
合计	60		40			13			21				3	137

（四）可持续公益

现代汽车雅科仕爱心奖学金

"现代汽车雅科仕爱心奖学金"是以现代汽车顶级豪华车型雅科仕命名设立的专项基金，作为与爱心车主的约定，企业承诺每售出一台雅科仕，便把每辆新车售价的 1%以消费者的名义用于中国境内的社会公益事业。这是现代汽车集团首次以高端车型名义发起的公益奖学金，是汽车高端品牌对高校教育事业的承诺和支持。自 2011 年起，"现代汽车雅科仕爱心奖学金"计划为北京、上海和四川三地共 300 名灾区及贫困大学生提供每年 4000 元的奖学金，连续支持四年，帮助他们顺利完成学业。并且在临近毕业之前，会特别策划毕业交流会。现代汽车负责人会为同学们介绍企业和招聘信息、如何就业和职业规划经验，并由优秀员工为大家介绍自己的经验。

截至 2014 年，针对灾区及贫困大学生的奖学金项目落下帷幕，现代汽车集团圆满践行了对高校学子的承诺，也为汽车企业的教育公益实践树立了典范。

现代汽车集团设立的雅科仕爱心奖学金希望能为家庭经济暂时困难的同学们提供一些帮助，助其顺利完成学业，在逆境中自强不息，勇往直前，用自己的努力改变命运。同时也希望受助的学生能够从雅科仕奖学金的受益者，转变成为现代汽车慈善理念的继承者、传播者、推动者，铭记社会关爱，把感激之情转化为刻苦学习的动力，希望同学们心怀感恩，兼济天下。

（五）公益能力培育与文化建设

放眼世界，企业社会责任已成为全球共识，履责经营成为企业实现可持续发展的必由之路。现代汽车集团深深地意识到企业社会责任对企业的重要性，在实现集团品牌战略发展的同时，积极参加由中国社会科学院经济学部企业社会责任研究中心举办的"分享责任——中国首席责任官计划"、"分享责任——中国行"、"分享责任——世界行"等社会责任践行项目，一起分享交流并借鉴优秀的 CSR 案例经验。同时，还邀请由企业社会责任专家以及各行业的社会责任负责人组成的调研团到现代汽车韩国本社参加"分享责任——世界行"活动，并参观集团的展车和体验馆、现代瑞山农场以及南阳研究所。同时，在"分享责任——中国行"中，企业社会责任调研团一行到内蒙古宝绍岱诺尔参观并体验了现代汽车集团"Green Move"的代表项目——盐碱干湖盆治理，在分享经验的同时还得到了调研团代表们提出的宝贵意见。与社会科学院企业社会责任研究中心的紧密合作，为现代汽车集团在企业责任领域注入了可持续发展的内涵。

现代汽车集团作为担负企业社会责任的跨国企业，尤其重视集团内各法人的社会责任事业发展，实践体系化的社会公益活动以实现共同发展。所以，为了提高集团的凝聚力和核心力，现代汽车（中国）投资有限公司会定期邀请在华各法人公司及韩国总公司的CSR负责人召开"社会贡献协商会"，交流社会贡献活动项目经验、分享活动成果，并制定未来的发展计划。社会贡献协商会的召开，提高了集团各法人的公益培养能力，加强了集团的文化建设。

三、社会贡献活动

（一）全球社会贡献活动

现代汽车集团坚信，只有环境和业务相辅相成，创造出协同效应，才可称得上真正的环保经营。集团公司努力完成连接铁水到整车的资源循环型业务结构、构筑能源和资源的环保循环结构、开发尖端环保技术等，具体地实践着人类、自然和企业之间智慧共存的方法。

现代汽车集团的社会贡献体系是适应全球汽车企业特性，并以"四个 Move"（Easy Move，Green Move，Safe Move，Happy Move）为基础构建起来的。通过这四大核心板块的进行，促进现代汽车集团的社会贡献事业不断发展与前进。

1. 让身体不便的人也能尽情移动的"共营便利社会"

共营便利社会（Easy Move）是现代汽车集团以人与人相连为目的开展的公益项目，是为使残疾人、老人、患者等活动不便的交通弱者能够更便利和安全的移动、更多地享受和体验世界之美而开展的多种多样的增进移动便利的社会公益项目。最典型的公益项目有开发和普及帮助交通弱者上下车的"便利出行"。现代汽车集团与各地区相关机构携手成立了"Easy Move"福利性公司，专门生产便于残疾人和老人使用的辅助器械和康复器材。"Easy Move"福利性公司作为韩国最早的辅助与康复器材专门生产企业，开发出残疾人与老人驾驶辅助装置，超过 2/3 的营业收入应用于社会公益项目。

2. 旨在让地球充满绿光的"共建绿色社会"

共建绿色社会（Green Move）是以世界为舞台开展的践行企业对地球环境保护的责任和义务的社会公益项目。从 2008 年开始，"现代绿色地带中国"项目历时 6 年，将约 5000 万平方米的沙漠营造成绿地。此外，还计划以此为基础，2014~2018 年，利用五年的时间，营造约 4000 万平方米的大规模的草地。作为集团法人之一的现代摩比斯，也计划到 2021 年，投资 100 亿韩元以上，与地区居民一起营造面积达 108 公顷的 6 个特化森林（自然生态童话林、地质历史学习林、植被景观设计林、未来世代文化林、自然相生哲学林和水边景观投影林），并持续扩大环保公益活动，减少碳排放的同时，还将致力开发环保配件产品，引领汽车配件事业的环保经营。

3. 旨在让儿童更快乐、更安全的"共创安全社会"

共创安全社会（Safe Move）是现代汽车集团为了营造一个交通安全社会的社会公益项目。此项目的主要活动内容是以容易遭受交通安全事故的儿童为对象提供安全教育，以及向遭受交通事故的受害者和家属提供援助。围绕此主题，开展了各种各样的公益活动。2009 年 4 月，集团与首尔市联合建设了"儿童交通安全体验馆"，馆内设施齐全，交通状况与实际相符，可以使学生在生动的环境中和愉悦的气氛中体验交通安全学习课程。另外，现代摩比斯以小学低年级学生为对象开展"分享透明雨伞"活动，以使孩子们在雨天行走时，能够确保视野开阔，防止交通事故的发生。此外，现代汽车集团为提高儿童的安全意识，开展儿童交通安全运动"快乐驾驶"，举办儿童交通安全知识竞赛、安全第一博览会等多种活动。

4. 营造共同分享的幸福世界的"共享幸福社会"

共享幸福社会（Happy Move）是现代汽车集团以全体员工为参与对象而开展的各种公益活动主题的社会公益项目。为了让更多的人享受义工活动的喜悦，2008 年创立了快乐移动全球青年义工团，远赴中国、印度、埃塞俄比亚、缅甸等地区，开展了环境、文化、交通等方面的志愿服务活动。截至 2014 年，共向海外派遣了 7000 多名青年义工，并努力将他们培养成为代表韩国的全球领袖人才。其中。由现代制铁运营的大学生义工团——"Happy Yes"不断开展与地区社会密切相关的志愿服务活动。起亚汽车组建的由青少年和大学生辅导员组成的"生态动力"（Eco Dynamics）远征队，远赴世界穷乡僻壤，开展义工活动及环境与生态保护活动。

5. 与现代汽车集团牵手的世界盛会

体育是世界人民共同欢呼雀跃的盛事，现代汽车集团从 1999 年开始与国际足联（FIFA）及欧洲足联（UEFA）缔结了合作伙伴关系，同时也是韩国国家足球队和大韩足球协会的官方赞助商。除了各类世界级的足球盛会以外，现代汽车集团也赞助了美巡赛——现代冠军赛、国际雪联主办的跳台滑雪世界杯和跳台滑雪世锦赛。起亚汽车也长期赞助世界四大网球赛之一的澳大利亚网球公开赛，并从 2005 年开始赞助世界顶级极限体育赛事之一的世界极限运动亚洲站的比赛，为年轻人火一般的热情插上了翅膀。

从 2014 年起，现代汽车参与了汽车整车制造商的激烈竞争舞台——世界汽车拉力锦标赛（WRC），向全世界宣传了高性能汽车技术。其中，在包括德国拉力赛在内的三场大赛中均获得了前三名的优异成绩，提高了企业声望和品牌形象。今后，现代汽车集团将继续开展丰富多彩的赞助活动，促进国内外体育文化事业的发展和地区社会的交流与进步。

6. 通过文化艺术实现人类博爱

现代汽车集团努力将汽车开发模式从"以技术为中心"转换为"以人类为中心"，积极开展与全球各类艺术领域的事业合作。继2013 年与韩国国立美术馆缔结长期合作伙伴关系以后，又于 2014年与英国世界级现代美术馆——泰特美术馆建立了长期合作伙伴关系，由此，2015~2025 年，现代汽车将在泰特现代美术馆的超大型展厅以"The Hyundai Commission"为主题展出充满革新性的创意展览。2015 年与美国西部最大规模的美术馆——洛杉矶现代艺术博物馆缔结了 10 年长期赞助协议，构筑起连接韩国、美国、欧洲的全球艺术项目体系。

7. 旨在提高生活价值的文化赞助活动

现代汽车集团积极赞助各类可以丰富人类生活的文化艺术活动，现代建设从 2005 年开始与韩国文物厅联合开展"一文物一看守人"活动，对昌德宫、景福宫及懿陵等文物进行清洁复原保护等工作。

现代 CARD 与被誉为现代美术中心的纽约现代美术馆 MOMA 建立了伙伴关系，在赞助 MOMA 展览活动的同时也承办了其在韩国的展览活动，为艺术爱好者们提供了一个近距离欣赏纽约现代美术的机会。现代汽车集团本着与更多的人分享艺术文化的宗旨，积极践行文化分享理念。从 2007 年起，集团为生活在全国福利院的儿童捐赠了乐器购置费和辅导费，并准备了不同形式的文化演出。为培养新一代文化艺术领军人物，集团于 2013 年开始举办的"H-STAR"庆典在 2014 年共有来自 70 所大学的 5700 多名大学生参与进来，为青年艺术家尽情地展现才华提供了广阔的舞台。

（二）中国社会贡献活动

1. 社会贡献体系

作为倡导汽车文化的先进企业，现代汽车集团的社会贡献使命是通过亲环境的经济活动和企业社会责任的履行，为实现人类的幸福和社会的可持续发展做贡献。

现代汽车集团积极参与环保、慈善、体育、教育和文化等各项公益事业和活动，积极有效地支援集团内的相关企业履行社会责任。为了更系统地践行企业社会责任，现代汽车集团在中国建立了由"Save Move——共创安全社会"、"Green Move——共建绿色社会"、"Happy Move——共享幸福社会"三部分构成的社会贡献活动体系，重点关注 8 个领域，以环境、交通、未来的潜在客户、社会的弱势群体为对象，开展企业的公益实践。

2. 集团代表项目：内蒙古治沙

现代汽车集团将绿色作为企业最大的责任之一。自 2008 年开始，现代汽车集团以"Green Move——共建绿色社会"为重点展开一系列的公益活动，其中包括内蒙古锡林郭勒盟盐碱干湖盆治理、保护碱蓬播种的防风固沙工程等。

中国内蒙古查干诺尔盐碱干湖盆治理项目是现代汽车集团赞助的公益性环保项目，通过在内蒙古查干诺尔干湖盆地区开展治沙事业，以帮助其恢复草原的生态系统。内蒙古锡林郭勒盟最大的湖泊——查干诺尔咸水湖曾有大片芦苇和水草，是候鸟的产卵孵化区，但人们肆意妄为地盲目开发使美丽的湖泊出现了 80 平方公里的盐碱干湖盆，大量的盐碱粉尘在大风的夹带下形成盐碱风暴，使查干诺尔咸水湖成为"沙尘发源地"，成为死亡之湖。2008 年 4 月，现代汽车携手韩国环境保护组织——生态和平亚洲，共同开启了"中国荒漠化防治——查干诺尔生态治理"项目，在当地建立起"现代汽车生态园"，开始了拯救查干诺尔湖的行动。截至 2013 年，以现代汽车生态园为基地，总投资 1361 万元，吸引了近 2000 名志愿者前往查干诺尔湖，协助当地环保人士等参与荒漠化治理，为草原腹地铺上 5000 多万平方米的一年生碱蓬、芨芨草等固沙植被，使查干诺尔湖成为全球范围内草地恢复面积最大的单个地区。

从 2014 年开始，现代汽车集团扩大了盐碱干湖盆治理的规模，在完成查干诺尔盐碱干湖盆治理项目的基础上，开展新的第二期盐碱干湖盆治理项目，将项目目标扩大至锡林郭勒盟正蓝旗宝绍岱诺尔盐碱干湖盆治理。2014 年，"正蓝旗宝绍岱诺尔盐碱干湖盆治理"项目正式启动，该项目将持续开展到 2018 年，自此，现代汽车集团内蒙古治沙项目开始了新的征程。

正蓝旗宝绍岱诺尔，距离北京约 470 千米，处于东亚大气环流的上风方的内蒙古荒漠地区，地表植被覆盖稀少，草原退化严重，有近 3 万亩盐碱地，生态脆弱，水资源非常匮乏，是北京、天津地区沙尘暴的发源地，每年春季，盐碱粉末堆积可达 10 多厘米厚，并会在强风的作用下形成沙尘暴。此项目将根据前几年查干诺尔治沙项目的经验，在此地区开展实验性沙障建设、种植碱蓬和碱茅等先锋植物，吸碱压尘，控制盐碱尘暴。2014 年 4 月，现代汽车集团、内蒙古正蓝旗政府及韩国生态和平亚洲环保组织签订了第二期项目备忘录，对盐碱干湖盆的治理项目进行 5 年期治理（2014~2018年），每年项目投资不少于 200 万元，总预计投资 1400 多万元。计划派遣中韩志愿者（包括中韩大学生志愿者、现代汽车集团员工和爱心媒体志愿者等）2200 名，逐渐加大宝绍岱诺尔地区碱蓬和多年生耐盐植物碱茅、沙生灌木红柳、白刺等的种植面积，完成 4000 万平方米的盐碱地治理，目标是稳定生态系统，恢复沙地生态，并将项目区全部绿化。项目完成后，治理成果交由正蓝旗人民政府和当地牧民管护至少 10 年，在以后的时间内继续进行生态环境状况观察，巩固治理成果。

查干诺尔湖治沙行动是现代汽车集团的一份绿色承诺，在青年志愿者的带领下，公益治沙活动逐渐走向成熟和常态。对盐碱干湖盆地区的生态治理，不仅关系到内蒙古的盐碱干湖盆地区能否回到草肥水美的昨天，也关系到沙尘线路上所有地区的今天和明天。我们有充分的理由相信在现代汽车集团的积极带领下，会有更多的志愿者参与进来，这条绿色公益之路也将越走越远，越走越开阔！

3. 子公司代表项目

每个孩子的成长都需要充足的阳光雨露，但贫困地区的孩子们分到的却很少。2003 年初，北京现代启动面向贫困地区中小学的"电教助学"项目，通过给孩子们捐赠电脑、电教室和配套设备，帮助学校改善教学环境，提升基础教育水平和质量，带给孩子们知识、梦想和希望。12 年来，上陕北，下四川，走湘鄂，奔云贵，出新疆，入东北，北京现代"电教助学"活动已向全国 29 所贫困学校捐赠电脑及电教室，总捐赠额达 1505980 元。近万名学生从中受益，掌握电脑技能，体验多媒体课程，享受信息时代学习知识的乐趣与成果。

从 2003 年开始的"车教助学"公益项目，北京现代已经坚持了 10 余年之久。截至 2014 年底，已累计向全国上百所高校及大中专院校的汽车相关专业捐赠整车 491 辆、发动机 1006 台，以及大量的汽车零部件，帮助改善合作院校的汽车教学资源，从根本上改进了中国汽车人才的成长环境。从初期实验性的助学行动，到中期全国范围的系统运作，再到如今的产学研合作模式，北京现代已与全国各地上百所院校建立起产学合作模式，2014 年和哈尔滨理工大学、西安机电信息技师学院等学校联合组建了由北京现代冠名的实训中心。10 余年来，累计数千名受助学生参加了实践学习并最终投身汽车行业，真正实现了多方共赢。

作为现代汽车集团在中国"Safe Move"主要工作重点之一，儿童交通安全体验馆由东风悦达起亚汽车有限公司和盐城市政府在江苏盐城共同建设。据中国社会科学院统计，在中国每年有 1.8 万名儿童因交通事故身亡，因此起亚公司计划以盐城市的儿童体验馆为始，逐步扩大全球儿童交通安全教育活动。该体验馆是目前国内唯一专门用于儿童交通安全教育和体验的免费场馆，主要供 8~12 周岁儿童设计使用。场馆规划占地面积 6500 平方米以上，主要分为汽车模拟体验馆、汽车体验及驾照考试区、汽车展区三大部分。馆内设置有全景道路交通环境模拟驾驶、视角盲区体验、3D 视频和安全带碰撞教育系统等。通过模拟急刹车，让小朋友们认识到系安全带的重要性；在 3D 安全教育宣传片中，一位形似猩猩的吉祥物通过生活中的一个个案例向小朋友们讲述日常生活中需要注意的事项。通过这样的方式能让观影者直观感受交通事故的危险性，增加警示效果。儿童交通安全体验馆的作用是让孩子在玩乐中学习交通安全知识，并且通过体验馆的项目模拟培训，培养和提高儿童的交通安全意识。

4. 各领域公益项目及其他

（1）梦想之屋。梦想之屋是现代汽车集团在 2011 年启动的一项公益活动，由企业、经销商、车主、媒体四方共同参与，选择教育设施落后的学校，捐赠学习用具和体育用品（书包、书本、足球等）、硬件设施（电脑、投影仪、打印机设备等），并筹建现代汽车"梦想之屋"多功能教室，为贫困学生创造更好的学习环境，帮助他们实现人生梦想。同时，现代汽车在此活动中所表现出的高度社会责任感，获得了社会的广泛认可，在消费者心目中树立了良好的品牌形象。截至目前，"梦想之屋"系列公益活动先后在贵州、吉林、广西、云南、宁夏等全国22个地区举办了32期捐助活动。依据计划，活动将逐年加大力度、扩大捐赠范围，并且计划未来在全国建设100个现代汽车"梦想之屋"。

（2）起亚家园。此大型公益项目由起亚"Happy Move 全球青年志愿团"发起，2009年进入中国，在起亚汽车和东风悦达起亚的组织及运营下，至今已经成功举办13期，先后在四川灾区、广东、浙江、江苏等地援建房屋近140座，参与活动的中韩志愿者和企业员工志愿者人数达到了1700多名。援建内容包括对困难家庭进行房屋改造、重建以及饮用水管道治理，希望通过志愿者的努力，让这些贫困家庭拥有自己的温馨家园，过上幸福生活。通过这些援建活动，帮助志愿者们实现人生当中里程碑式的梦想。正是凭借多年的坚持以及务实的公益形式，"起亚家园"已经成为中国汽车行业具有影响力的公益品牌之一。

（3）世界文化遗产保护行动。2014年1月，由起亚汽车、"Better World"和中国教育学会培训中心共同发起的"世界文化遗产保护行动"在山东曲阜三孔（孔府、孔庙、孔林）景区启动。该社会公益活动项目分别于2014年1月和8月在山东曲阜、2015年1月在重庆钓鱼城和大足进行，由来自起亚汽车"Happy Move 青年志愿团"的100多名中韩志愿者在十多天的时间里开展景区维护、文艺公演和文化交流等一系列宣传和文化保护活动。活动期间，中韩志愿者们在景区开展了系列世界遗产保护实践活动，包括墙面清洁刷漆、除草作业、公共设施维护、台阶防滑标识粘贴等具体细致的劳动。公演节目丰富多彩，志愿者们盛装演出，既展现了特色鲜明的中韩两国传统文化，又不乏现代流行文化，精彩纷呈的表演受到了现场观众的热烈欢迎。这项工作的开展将持续在社会尤其是青少年中产生积极的宣传作用，唤起全社会对世界文化遗产保护的重视。

（4）起亚健康加油站。起亚健康加油站是 2015 年现代汽车集团在"Happy Move"领域的新型公益项目。通过对贫困地区的小学实施厨房维修改造、设备配备及安装，帮助学校改善餐饮设施和提高营养观念，让孩子们吃上健康丰富的营养餐。儿童营养摄入不足一直是农村教育存在的突出问题。国家启动农村义务教育学生营养改善计划后，农村学校食堂设施陈旧、卫生环境差等问题严重制约了营养改善计划的实施。2009 年，共青团中央、中国青少年发展基金会发起"希望厨房"公益项目，倡导社会各界为贫困地区中小学校筹建设施完备的校园厨房和餐厅。起亚汽车积极筹建的"健康加油站"，正是贫困地区孩子们的"希望厨房"。支持贫困地区的中小学校建设标准化、符合国家食品卫生基本要求的学校厨房和食堂，致力于创造洁净的用餐环境，提高营养健康意识，改善孩子们的营养与健康状况。

（5）现代汽车雅科仕爱心奖学金。"现代汽车雅科仕爱心奖学金"是以现代汽车顶级豪华车型雅科仕命名设立的专项基金，作为与爱心车主的约定，企业承诺每售出一台雅科仕，便把每辆新车售价的1%以消费者的名义用于中国境内的社会公益事业。这是现代汽车集团首次以高端车型名义发起的公益奖学金，是汽车高端品牌对高校教育事业的承诺和支持。自 2011 年起，"现代汽车雅科仕爱心奖学金"计划为北京、上海和四川三地共 300 名灾区及贫困大学生提供每年 4000 元的奖学金，连续支持四年，帮助他们顺利完成学业。截至 2014 年，针对灾区及贫困大学生的奖学金项目落下帷幕，现代汽车集团圆满践行了对高校学子的承诺，也为汽车企业的教育公益实践树立了典范。

（6）青少年工学教室。履行社会公益责任已成为现代汽车集团渗透到每个子公司的基因。作为现代汽车集团三大主力之一、全球排名前八的汽车零部件供应商，现代摩比斯自 2002 年进入中国以来一直低调，但在承担公益责任方面丝毫没有减少，关怀特困群体、资助贫困学生教育以及持续支持慈善捐助是现代摩比斯一贯的公益方式。其中，青少年工学教室是一起成长的学习共同体，为孩子们点燃成为工学技术人员的梦想和希望，在培养汽车产业等有关领域的科学英才、为地区发展做贡献的宗旨下，现代摩比斯与韩国工学翰林院共同策划了这一青少年科学教育活动。公司员工们的知识贡献是促成本活动的关键，职员们每个月访问就近的小学，给孩子们上科学课。从 2005 年研究所周围的 2 所学校开始，发展到 2014 年 9 个地区的 14 所学校。现代摩比斯将尖端零部件——防止脱离车道体系、防止车辆冲撞体系等专业企业的特性开发成易于孩子们理解的教材，提高教育水平，为拓展青少年科学教育做出贡献。

（7）派发透明雨伞。"派发透明雨伞"是现代摩比斯进行的重点社会贡献项目，是认识到儿童交通事故的严重性，防患于未然的项目。从 2010 年开始，现代摩比斯作为汽车零部件的专业企业，体现了企业的社会责任，将儿童从交通事故的危险中保护起来。现代摩比斯分发的透明雨伞，雨天能确保视野开阔，使用的反光面料，有助于防止雨天的交通事故及冲撞事故的发生。现代摩比斯从 2012 年开始以公开招募的形式选择学校，通过共享贡献的价值，引起社会对儿童交通安全的关心。一个雨伞虽然不能完全消除危险，但为了引起社会对儿童交通安全的关心，会继续扩大分发透明雨伞活动的范围，为每一个孩子的安全护航。

（8）灾难救助。从北京到四川、从青海到云南，当中国大地发生灾难、人民的生命财产受到损害的时候，现代汽车集团总是竭尽全力伸出援手。在灾难发生后的第一时间里，现代汽车集团紧急部署集团公司在华的相关法人公司，捐财捐物，全力支持救灾工作。截至目前，现代汽车集团 4 年来已累计向雅安地震、贫困地区以及事故灾难受害地区捐赠总价值超过 1 亿元的救灾物资。除此之外，现代汽车集团也在不断地探索能更多帮助灾区人民渡过难关的方法和途径，对救灾工作给予持续有力的支持。

（三）海外社会贡献活动

1. 希望之轮

现代汽车美国销售法人（HMA）与分布在美国全境的 800 多家经销商携手，自 1998 年起开展援助小儿癌症患者的活动——"希望之轮"（Hope on Wheels）。现代汽车集团承诺新车每售出一辆就抽出其售价中的 14 美元作为营造基金，再加上 HMA 的捐款，以共同基金的方式运营。这项为治疗美国儿童的癌症而捐款的公益基金，截至 2014 年已达到了 8700 万美元，通过该基金向患有癌症的儿童传递了以汽车为媒介的希望，为他们提供更好的治疗条件并给予他们与病魔抗争的勇气。

2. 现代 KOICA 梦想中心

现代汽车为提高非洲和亚洲发展中国家的青少年的职业技能，促进当地汽车产业的发展，实施每年修建一所汽车技术学校——"现代 KOICA 梦想中心"的计划。现代汽车将其保有的维修技师培养课程应用于该教育机构，传授现代汽车的专业技术，直到学员成为优秀人才被雇用为止。目前，此计划作为积极利用企业优势的合作模范事例广受好评。

3. 绿灯工程

"绿灯工程"（Green Light Project）是起亚汽车为回报全球客户关爱于 2012 年开始实施的一个全球性的社会流动项目，一直努力寻求帮助世界最贫穷地区的贫苦年轻人，帮助其改善生活现状，为其提供医疗救助和基础教育。除此之外，起亚还计划在以后的活动中对学校本身进行投资，提供教育材料、医疗设备和药物等，并且还计划提供多辆汽车，包括校车和救护勤务车等物资。通过这些项目，我们希望最终能为这些地区的年轻人和儿童创造更多的教育和医疗机会，改善他们的生活质量。

4. "JA-YE 欧洲"

现代汽车集团于 2012 年与欧洲经济教育组织"JA-YE 欧洲"（Junior Achievement-Young Enterprise Europe）携手制定了适合欧洲学生的可增强其个人工作竞争力的公益项目"为了将来的技术"。此项目是专门针对 15~18 岁的在校生进行的职业技术培训，截至 2014 年，3 年间在欧洲 15 个国家和地区的 400 所学校里每年有 1 万名学生接受此项目培训。

5. "Global Friendship Tour"项目

该项目是为了帮助那些有望成为出色的全球意见领袖的在韩外国留学生加深对韩国文化和韩国经济的理解，为其提供的各种相关的体验机会。本项目从 2009 年第一次招待中国留学生开始，截至 2014 年，共约有 8500 名留学生参与进来，而且反响良好。现代汽车集团也将持续地为更多的在韩留学生提供类似的体验机会，助其在成为全球意见领袖的道路上顺利前进。

6. 多文化交流

现代汽车集团十分重视与旅居韩国的外国人及多文化家庭携手同行。从 2004 年起，为增加旅居韩国的外国人的福利提供资金援助，并对其家属提供教育和医疗援助，帮助外国友人及其家庭扎根韩国，在韩国安稳地工作生活。

细数这些爱心足迹，其实也是规划梦想的足迹。现代汽车集团在中国坚持履行企业社会责任，积极投入各种公益事业中。现代汽车集团建立的 "Easy Move"、"Happy Move"、"Safe Move"、"Green Move" 四大部分，组成了 "携手共进的世界" CSR 公益体系，这无疑也是现代汽车追求实现自身品牌价值的梦想。现代汽车希望通过自身的努力，号召更多的中国公民参与到公益事业中，携手为社会贡献一分力量，为梦想建筑未来。

四、公益影响

（一）年度公益大事记及获奖情况

● 2015 年 7 月，第二份中国现代汽车集团社会责任报告获得中国社会科学院企业社会责任研究中心认可的四星半级。

● 2015 年 2 月，获得中国社会科学院企业社会责任研究中心——企业公益指数排名，外资汽车厂商第一名。

● 2015 年 2 月，"内蒙古盐碱干湖盆治理项目" 获得中国社会科学院企业社会责任研究中心颁发的公益品牌 50 强。

● 2015 年，继续与共青团中央合作开展 "现代汽车公益行动" 项目。

● 2015 年，继续成为联合国防治荒漠化公约（UNCCD）的一员。

● 2015 年，累计在 34 所小学支援了 "梦想之屋" 多功能教室。

● 2014 年 12 月，获得中国新闻社、中国新闻周刊举办的中国·国际企业社会责任论坛暨"最具责任感企业"大奖。

● 2014 年 11 月，获得中国社会科学院企业社会责任研究中心——企业社会责任指数排名，外资汽车厂商第一名。

● 2014 年，开展第二期内蒙古盐碱干湖盆治理项目。

● 2014 年，东风悦达起亚获得 2014 中国希望工程 25 年杰出贡献奖。

● 2014 年，全球权威汽车评测机构 J. D. Power 发布了《2014 年新车质量研究报告（IQS）》，现代汽车以 804 分位居一般品牌部门第一，起亚汽车以 791 分位列第六。

● 2014 年，在 J.D. Power 公布的《2014 年中国汽车销售满意度调研报告（SSI）》中，北京现代以 772 分的总成绩位列第一。

（二）媒体报道

表 7-4　媒体报道

2015 年	
现代汽车集团连续 5 年当选"最具责任感企业"	http：//auto.hexun.com/2014-12-22/171657198.html
社会贡献指数出炉　现代汽车排名第一	http：//newcar.xcar.com.cn/chongqing/201502/news_1755985_1.html
大学生志愿者在内蒙古治沙	http：//www.zj.xinhua.org/2015-08/05/c_1116148342.htm http：//zqb.cyol.com/html/2015-08/05/nw.D110000zgqnb_20150805_1-01.htm
"梦想之屋"圆梦少年　现代汽车为雷台小学捐赠教学物资	http：//szb.ycen.com.cn/html/2015-10/13/content_195722.htm
2015 年夏季"起亚家园"捐赠仪式成功举行	http：//news.163.com/15/0730/00/AVNVV85L00014Q4P.html
起亚汽车"健康加油站"1 号厨房启动仪式	http：//car.chengdechina.com/html/2015/chengdecheshi_0515/1468.html
真情回访希望小学　东风悦达起亚用爱点亮未来	http：//news.zj.com/detail/175330.shtml
现代汽车集团向鲁甸地震灾区捐款 1000 万元	http：//epaper.xiancn.com/xawb/html/2014-08/29/content_319717.htm

续表

2014 年	
北京现代"车教助学"活动完美收官	http：//www.bayuche.com/wenhua/2014121859576.html
北京现代 800 万元捐建雅安希望小学	http：//morning.scol.com.cn/new/html/tfzb/20131011/tfzb672827.html
爱心点亮未来　东风悦达起亚希望小学落成	http：//www.pcauto.com.cn/qcbj/567/5671922.html
起亚汽车在中国开设儿童交通安全体验馆	http：//chinese.yonhapnews.co.kr/domestic/2014/06/01/0402000000ACK20140601000600881.HTML http：//world.people.com.cn/n/2014/0602/c1002-25092223.html

附　录

一、参编机构

（一）中国社会科学院经济学部企业社会责任研究中心

中国社会科学院经济学部企业社会责任研究中心（以下简称"中心"）成立于 2008 年 2 月，是中国社会科学院主管的非营利性学术研究机构。中国社会科学院、国务院国有资产监督管理委员会、人力资源和社会保障部、中国企业联合会、中国人民大学、国内外大型企业的数十位专家、学者担任中心理事。

中心以"中国特色、世界一流社会责任智库"为目标，积极践行研究者、推进者和观察者的责任：

（1）研究者：中国企业社会责任问题的系统理论研究，研发颁布《中国企业社会责任报告编写指南（CASS–CSR 1.0/2.0）》，组织出版《中国企业社会责任》文库，促进中国特色的企业社会责任理论体系的形成和发展。

（2）推进者：为政府部门、社会团体和企业等各类组织提供咨询和建议；主办"中国企业社会责任研究基地"；主办"分享责任——中国企业社会责任公益讲堂"；开设中国社科院研究生院MBA《企业社会责任》必修课，开展数百次社会责任培训，传播社会责任理论知识与实践经验；组织、参加各种企业社会责任研讨交流活动，分享企业社会责任研究成果。

（3）观察者：出版《企业社会责任蓝皮书（2009/2010/2011/2012/2013/2014/2015)》，跟踪记录上一年度中国企业社会责任理论和实践的最新进展；每年发布《中国企业社会责任报告白皮书（2011/2012/2013)》，研究记录我国企业社会责任报告发展的阶段性特征；制定、发布、推动《中国企业社会责任报告评级》，为 150 余份社会责任报告提供评级服务；主办"责任云"（www.zerenyun.com）平台以及相关技术应用。

中国社科院经济学部企业社会责任研究中心

2015 年 11 月

电话：010-85892434

传真：010-59009243

网站：www.cass-csr.org

E-mail：csr@cass-csr.org

地址：北京市东城区建国门外大街 18 号恒基中心 2 号办公楼 518

（二）研究业绩

1．课题

（1）国土资源部：《矿业企业社会责任报告制度研究》，2013年。

（2）国务院国资委：《中央企业社会责任优秀案例研究》，2013年。

（3）中国扶贫基金会：《中资海外企业社会责任研究》，2012~2013年。

（4）北京市国资委：《北京市属国有企业社会责任研究》，2012年5~12月。

（5）国资委研究局、中国社科院经济学部企业社会责任研究中心：《企业社会责任推进机制研究》，2010年1~12月。

（6）国家科技支撑计划课题：《社会责任国际标准风险控制及企业社会责任评价技术研究》之子任务，2010年1~12月。

（7）深交所、中国社科院经济学部企业社会责任研究中心：《上市公司社会责任信息披露》，2009年3~12月。

（8）中国工业经济联合会、中国社科院经济学部企业社会责任研究中心：工信部制定《推进企业社会责任建设指导意见》前期研究成果，2009年10~12月。

（9）中国社科院交办课题：《灾后重建与企业社会责任》，2008年8月至2009年8月。

（10）中国社会科学院课题：《海外中资企业社会责任研究》，2007年6月至2008年6月。

（11）国资委课题：《中央企业社会责任理论研究》，2007年4~8月。

2．专著

（1）黄群慧、钟宏武、张蒽等：《中国盐业总公司考察》，经济管理出版社 2013 年版。

（2）彭华岗、钟宏武、张蒽、孙孝文等：《企业社会责任基础教材》，经济管理出版社 2013 年版。

（3）姜天波、钟宏武、张蒽、许英杰：《中国可持续消费研究报告》，经济管理出版社 2013 年版。

（4）陈佳贵、黄群慧、彭华岗、钟宏武：《企业社会责任蓝皮书（2012)》，社会科学文献出版社 2012 年版。

（5）钟宏武、魏紫川、张蒽、孙孝文等：《中国企业社会责任报告白皮书（2012)》，经济管理出版社 2012 年版。

（6）李春光、彭华岗、黄文生：《每一滴油都是承诺：中国石化企业社会责任的理论与实践》，经济管理出版社 2012 年版。

（7）孙青春：《寻找增长的涌泉：企业可持续创新之路探索》，经济管理出版社 2012 年版。

（8）陈佳贵、黄群慧、彭华岗、钟宏武：《企业社会责任蓝皮书（2011)》，社会科学文献出版社 2011 年版。

（9）彭华岗、钟宏武、张蒽、孙孝文：《中国企业社会责任报告编写指南（CASS-CSR2.0)》，经济管理出版社 2011 年版。

（10）钟宏武、张旺、张蒽：《中国上市公司非财务信息披露报告（2011)》，社会科学文献出版社 2011 年版。

（11）钟宏武、张蒽、翟利峰：《中国企业社会责任报告白皮书（2011)》，经济管理出版社 2011 年版。

（12）彭华岗、楚旭平、钟宏武、张蒽：《企业社会责任管理体系研究》，经济管理出版社 2011 年版。

（13）彭华岗、钟宏武：《分享责任——中国社会科学院研究生院 MBA "企业社会责任"必修课讲义集（2010)》，经济管理出版社 2011 年版。

（14）黄群慧、黄天文、钟宏武：《中国中钢集团国情调研报告》，经济管理出版社 2010 年版。

（15）陈佳贵、黄群慧、彭华岗、钟宏武：《企业社会责任蓝皮书（2010）》，社会科学文献出版社 2010 年版。

（16）钟宏武、张唐槟、田瑾、李玉华：《政府与企业社会责任》，经济管理出版社 2010 年版。

（17）陈佳贵、黄群慧、彭华岗、钟宏武：《企业社会责任蓝皮书（2009）》，社会科学文献出版社 2009 年版。

（18）钟宏武、孙孝文、张蒽：《中国企业社会责任报告编写指南（CASS-CSR1.0)》，经济管理出版社 2009 年版。

（19）钟宏武、张蒽、张唐槟、孙孝文：《中国企业社会责任发展指数报告（2009）》，经济管理出版社 2009 年版。

（20）陈佳贵、黄群慧、钟宏武、王延中：《工业化蓝皮书——中国地区工业化进程报告（1995~2005)》，社会科学文献出版社 2007 年版。

（21）钟宏武：《慈善捐赠与企业绩效》，经济管理出版社 2007 年版。

3. 论文

在《经济研究》、《中国工业经济》、《人民日报》等刊物上发表论文数十篇。

二、支持单位

现代汽车（中国）投资有限公司

现代汽车集团创立于 1967 年，其诞生可以追溯到 1940 年的阿道服务修理厂。历时 70 多年的发展，现代汽车集团已经成长为一个以汽车、钢铁、建设等核心业务部门为中心，开发多种多样的新能源汽车及新再生能源，并构筑起涵盖物流、金融、IT、服务等价值链的大型跨国企业。在半个多世纪的发展中，现代汽车集团始终秉承"通过创意思维与不断挑战，创造新的未来，实现人类社会的梦想"的经营哲学，以超前思维引领市场发展，通过相互间的有机合作，进行创意性融合，为实现人类社会的梦想开辟全新的道路。并且，我们追求"顾客至上、挑战进取、沟通与合作、尊重人才、追求全球化"的核心价值，通过核心价值的共享化以及渗透化，共同应对挑战，构筑尊重顾客和人才的创意性组织文化，为客户创造和提供与众不同的价值及文化体验，为人类不断进化的未来做准备，这便是现代汽车集团独有的竞争力和发展潜力。

目前，现代汽车集团在全球 10 个国家建设了 34 个工厂，在韩国、印度、日本、美国、德国、中国拥有 6 个研究中心，已经在 26 个国家有了 40 个销售法人。与其他全球领先的汽车公司相比，现代汽车历史虽短，却浓缩了汽车产业的发展史，它从建立工厂到能够独立自主开发车型仅仅用了 18 年（1967~1985），并成为韩国最大的汽车集团，跻身全球五大汽车厂商之一。

　　现代汽车集团于 20 世纪 90 年代初开始进入中国市场，在中国改革开放的机遇中成长、发展，为中国经济发展贡献力量。现代汽车（中国）投资有限公司成立于 2004 年 9 月 22 日，全面负责现代汽车集团中国业务，将全球市场管理经验和汽车技术引入中国市场，推动了中国汽车产业的进步，并开发出符合中国市场的车型。现代汽车集团一直坚持依法纳税，并积极创造就业机会，带动就业形式的发展。截至 2014 年，公司在华法人共聘用 37598 名员工，纳税总额达 315.9 亿元。目前，现代汽车集团在中国有包括现代汽车（中国）投资有限公司、北京现代汽车有限公司、东风悦达起亚汽车有限公司等在内的 57 家法人企业，在华投资总规模达到 570 亿元。现代汽车集团在中国的业务范围涵盖汽车、钢铁、建设、零部件等，并逐步形成完整的产业链条。同时，在中国市场构筑金融、物流、销售、广告、二手车等完整的服务体系，全面服务中国消费者。我们希望通过在中国开拓新业务领域并使集团的各领域互相协同，形成更加完整的汽车产业价值链。2014 年 1 月正式运营的四川现代汽车有限公司，将经营范围扩大为商用车、发动机及其配件的生产、销售、服务和研究开发。2015 年 4 月和 6 月，分别在河北沧州和重庆动工建设北京现代汽车公司第四、第五工厂，未来，随着沧州、重庆工厂相继开工，北京现代汽车的产能将达到 165 万辆。

　　现代汽车集团为创造新的发展动力，将更加系统地构建事业结构和中长期发展战略，加强品质经营与技术研发，扩大研发队伍建设，进一步加强低耗油和产品安全性能研发，增加对绿色环保汽车以及融合高端技术注入诸如智能汽车研发的投资幅度。现代汽车集团将继续研发适合中国消费者的产品，并制定完善的策略，确保以高质量的汽车产品实现持续性稳步增长，提高品牌影响力，并继续努力成为倡导先进汽车文化的企业。

　　未来，现代汽车集团将加大社会责任投入，通过开展更多更高层次的社会责任活动，与中国民众和中国社会一起携手共创更好未来！

三、参考文献

（一）国际社会责任标准与指南

［1］国际标准化组织（ISO）:《社会责任指南：ISO26000》，2010 年。

［2］全球报告倡议组织（Global Reporting Initiative，GRI）:《可持续发展报告指南（G4）》，2013 年。

［3］联合国全球契约组织:《全球契约十项原则》。

［4］国际审计与鉴证准则委员会：ISAE3000。

［5］Accountability：AA1000 原则标准（AA1000APS）、AA1000 审验标准（AA1000AS）和 AA1000 利益相关方参与标准（AA1000SES）。

［6］国际综合报告委员会（IIRC）：整合报告框架，2013 年。

（二）国家法律法规及政策文件

［7］《中华人民共和国宪法》及各修正案。

［8］《国务院关于促进慈善事业健康发展的指导意见》。

［9］《关于贯彻落实〈国务院关于促进慈善事业健康发展的指导意见〉的通知》。

［10］《关于支持中央企业积极投身公益慈善事业的意见》。

［11］《中央企业履行社会责任的指导意见》。

［12］《中央企业"十二五"和谐发展战略实施纲要》。

［13］《上海证券交易所上市公司环境信息披露指引》。

（三）社会责任研究文件

[14] 中国社会科学院经济学部企业社会责任研究中心：《中国企业社会责任报告编写指南 （CASS–CSR2.0)》，2011 年。

[15] 中国社会科学院经济学部企业社会责任研究中心：《中国企业社会责任报告评级标准 2013》，2013 年。

[16] 中国社会科学院经济学部企业社会责任研究中心：《中国企业社会责任研究报告 2009/2010/2011/2012/2013》，社会科学文献出版社。

[17] 中国社会科学院经济学部企业社会责任研究中心：《中国企业社会责任报告白皮书 2011/2012/2013》，经济管理出版社。

[18] 中国社会科学院经济学部企业社会责任研究中心：《企业社会责任基础教材》，经济管理出版社 2013 年版。

[19] 彭华岗等：《企业社会责任管理体系研究》，经济管理出版社 2011 年版。

[20] 国家电网公司《企业社会责任指标体系研究》课题组：《企业社会责任指标体系研究》，2009 年 3 月。

[21] 殷格非、李伟阳：《如何编制企业社会责任报告》，2008 年。

[22] 李伟阳、肖红军、邓若娟：《企业社会责任管理模型》，2012 年。

（四）公益报告

[23]《海航集团：为爱聚力，海航陪伴 2014》。

[24]《加多宝公益白皮书 2013》。

[25]《中天公益慈善绿皮书 2013》。

[26]《中国三星社会公益活动白皮书 2013~2014》。

［27］《梦想与希望同在——LG 化学（中国）社会公益 2013》。

［28］《东芝（中国）社会贡献活动 2014~2015》。

（五）企业社会责任报告

［29］《华润（集团）有限公司社会责任报告 2014》。

［30］《中国移动通信集团公司可持续发展报告 2014》。

［31］《东风汽车公司社会责任报告 2014》。

［32］《招商局集团社会责任报告 2014》。

［33］《为美好生活加油——中国石油化工集团公司社会责任报告 2014》。

［34］《阿里巴巴集团社会责任报告 2014》。

［35］《中国民生银行社会责任报告 2014》。

［36］《海航集团社会责任报告 2014》。

［37］《万达集团社会责任报告 2014》。

［38］《中兴通讯股份有限公司可持续发展报告 2014》。

［39］《中国三星社会责任报告 2014》。

［40］《携手共创更好未来——现代汽车集团（中国）社会责任报告 2014》。

［41］《佳能（中国）企业社会责任报告 2014~2015》。

［42］《安利（中国）企业社会责任报告 2014》。

［43］《中国松下社会责任报告 2014》。

后　记

2009 年 12 月，中国社科院经济学部企业社会责任研究中心发布了中国第一份企业社会责任报告编写指南——《中国企业社会责任报告编写指南 (CASS-CSR1.0)》（简称《指南 1.0》）。为了增强《指南》的国际性、行业性和工具性，2010 年 9 月，中心正式启动了《指南 1.0》的修订工作，扩充行业、优化指标、更新案例。2011 年 3 月，《中国企业社会责任报告编写指南 (CASS-CSR2.0)》（简称《指南 2.0》）发布。《指南 2.0》获得了企业广泛的应用，参考《指南 2.0》编写社会责任报告的企业数量由 2011 年的 60 家上升到 2013 年的 195 家。

为了进一步提升《指南》的国际性、实用性，引导我国企业社会责任从"报告内容"向"报告管理"转变，2012 年 3 月 31 日，《中国企业社会责任报告编写指南 (CASS-CSR3.0)》（简称《指南 3.0》）编制启动会在北京召开，来自政府、企业、NGO、科研单位等机构的约 100 名代表出席了本次启动大会。为广泛征求《指南》使用者意见，中心向 100 家企业发放了调研问卷，并实地走访、调研了 30 余家中外企业，启动了分行业指南编制工作。

自 2015 年 2 月起，中心在原有的分行业指南的基础之上，准备议题报告指南发布。议题报告指南将是分行业指南形式上的转变、体系上的补充以及内容上的延伸。《企业公益报告编写指南 3.0》作为第一本议题报告编写指南，在项目启动之初就受到了业内的高度关注。《企业公益报告编写指南 3.0》的编制时间为 2015 年 4~11 月。期间，先后前往四川北川县、陕西富平县、内蒙古正蓝旗、广西百色等地，对远洋地产控股有限公司、三星（中国）投资有限公司、现代汽车（中国）投资有限公司和华润（集团）有限公司的 4 个公益项目进行了深入调研。通过"分享责任——公益行"，更多地关注企业公益实践，了解企业在公益管理与实践方面的积极行动，分析企业公益的亮点。同时，对《指南》提出了针对性的意见和建议。现代汽车（中国）投资有限公司社会贡献部金英经理主导了第七章案例写作工作。在邓国胜教授指导下，项目组编制了企业公益报告指标体系。在资料整理过程中，顾一、黄晓娟等同志做出了诸多贡献。全书由汪杰、李赫垵审阅、修改和定稿。

以《企业公益报告编写指南 3.0》为起点的议题指南系列将不断修订、完善，希望各行各业的专家学者、读者朋友不吝赐教，共同推动我国企业公益更好更快的发展。

中国社科院经济学部

企业社会责任研究中心

2015 年 12 月